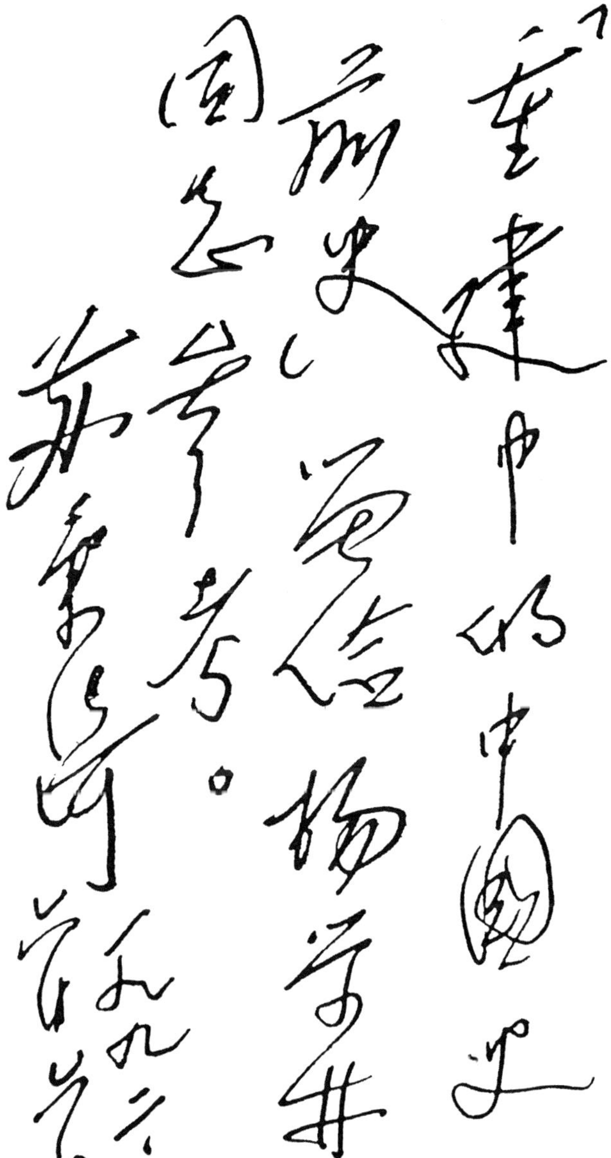

苏秉琦先生手迹："重建中的中国史前史"

图版一

1977年夏，张光直来访，与苏秉琦、徐光冀、谢辰生、严文明和俞伟超在北京大学会谈

图版二

1977年10月，苏秉琦（前排左三）参加在江苏南京举行的“长江下游新石器时代文化学术讨论会”。会上苏秉琦指出：“良渚文化在中国古代文明史上，是个熠熠发光的社会实体。”

图版三

1977 年秋，苏秉琦在浙江余杭莫角山上休憩

1977 年 11 月，苏秉琦在参加完“长江下游新石器时代文化学术讨论会”后，至浙江余姚河姆渡遗址发掘现场。从左至右依次为牟永抗、杨鸿勋和吴玉贤

图版四

1981 年 12 月，苏秉琦参加在浙江杭州举行的“中国考古学会第三次年会”，其间与王明达、牟永抗、姚仲源在西湖边的平湖秋月合影

1984 年 11 月，苏秉琦在浙江嘉兴参加“太湖流域古动物、古人类、古文化学术座谈会”

图版五

1984 年 8 月，苏秉琦、张忠培和俞伟超等在内蒙古呼和浩特参加“内蒙古西部考古工地座谈会”

1985 年 10 月，苏秉琦在辽宁兴城座谈会上作题为《辽西古文化古城古国》的讲话，提出了当时田野考古工作的重大课题，完整表述了“古文化古城古国”概念

图版六

1985 年 10 月，苏秉琦、张忠培、严文明、俞伟超和郭大顺在辽宁绥中秦汉宫殿遗址

1987 年春，苏秉琦参加在浙江杭州举行的“全国文物普查编图工作会议”，与吴汝祚、牟永抗和王明达在新新饭店合影。其间，苏先生五次至浙江省文物考古研究所吴家埠工作站。之后提出 :“浙江史前文化有两朵花，一朵河姆渡，一朵良渚。”

1987 年 3 月，苏秉琦在浙江余杭吴家埠工作站观摩良渚文化陶器

苏秉琦、张光直、俞伟超论良渚

良渚博物院　编

科学出版社
北　京

内 容 简 介

本书收录了著名考古学家苏秉琦、张光直和俞伟超先生关于良渚文化及相关问题的研究论文和重要讲话13篇。三位考古学家分别从区域考古、玉琮与宗教祭祀方面，以及文化衰变原因探讨的角度，对良渚文化及环太湖地区考古工作进行了分析探讨。书中还附有先生们珍贵的学术活动照片，是关于良渚文化及其相关研究的大家之作。

本书适合于文物考古、历史、文化遗产保护、博物馆专业的专家学者及相关专业的师生参考、阅读。

图书在版编目（CIP）数据

苏秉琦、张光直、俞伟超论良渚 / 良渚博物院编 .—北京：科学出版社，2020.6

ISBN 978-7-03-065316-1

Ⅰ. ①苏…　Ⅱ. ①良…　Ⅲ. ①良渚文化 – 文集　Ⅳ. ① K871.134-53

中国版本图书馆CIP数据核字（2020）第096506号

责任编辑：雷　英 / 责任校对：王晓茜
责任印制：吴兆东 / 封面设计：张　放

科学出版社 出版
北京东黄城根北街16号
邮政编码：100717
http://www.sciencep.com

北京中科印刷有限公司印刷
科学出版社发行　各地新华书店经销
*
2020年6月第　一　版　开本：720×1000　1/16
2025年2月第三次印刷　印张：7 3/4　插页：4
字数：154 000

定价：108.00 元
（如有印装质量问题，我社负责调换）

目　录

略谈我国东南沿海地区的新石器时代考古
——在长江下游新石器时代文化考古学术讨论会上的一次发言提纲

苏秉琦

讨论会开幕时，我在发言中提出了几点意见，抛砖引玉。现在会议临近结束，再一次发言，向同志们汇报我在这一周内学习的几点体会，仅供参考。

一

让我先谈一些对于这次讨论会的认识。这次讨论的区域名义上是“长江下游”，实际上包括从山东到广东，即差不多我国整个东南沿海地区。讨论的课题是“新石器文化”，从社会发展史角度来说，这一时期包括从原始公社氏族（原始共产主义社会的繁荣阶段）到私有制产生，以至进入阶级社会前夕，既涉及我国文化起源和发展道路，还涉及我中华民族形成，涉及我国作为一个统一多民族国家的历史背景等我国历史考古的基本课题。

诚然，会上提出的论文材料所涉及的地理范围，只占我国总面积的一小部分，涉及的历史时代，集中在距今六七千年到距今四千年上下这一期间（江苏溧水县回峰山神仙洞发掘小组的材料我还没见到）；但这些材料所涉及的我国的历史的意义，却远远地超出了材料论述的范围。这是因为：我国历史地理，在某些意义上，大体可以分为两大部分——面向海洋的东南部地区和面向亚洲大陆腹地的西北部地区。作为这两大部分之一的东南部地区在我国社会历史与民族文化的诸特征（如历史悠久、连绵不断，文化发达、丰富多彩，统一多民族国家等）的形成过程中一直起着重要作用。这个地区各类型原始文化，在形成灿烂的中国古代文化中常常是作为一个对应的方面而发挥着积极作用的。上次我在发言中提到“胸怀全局”，就是这个意思。举例说：①这一地区诸原始文化中普遍流行的穿孔石斧、石钺、有段石锛、圈足及三足陶器，既是它们的共性，又是它们区别于和它们相对应的西北广大腹地诸原始文化的特性；②这一地区诸原始文化的社会发展，普遍地具有比较明显的阶段性和大体上的一致性；③它们在这一期间对我国其余人口密集的广大地区的影响、作用是显而易见的，如流行于全国广大地区的以“鼎、豆、壶”组合而成的礼器、祭器就是渊源于这一地区。

这是问题的一面。还有另外的一面。

我国东南沿海地区的新石器诸文化，尽管它们呈现出许多相似之处，存在明显的共性，这只能说在当时它们之间具有比较密切的联系，而不能说它们属于一个某种人们的共同体。它们之中各个地区、各个块块的社会历史文化的发展必然还是在它们各自的一定范围内，按照历史唯物主义的客观法则，按照它们各自社会关系的文化传统而向前发展的。它们之间的互相影响、作用应该重视，但总是第二位的。第一位的还是它们各自如何发展的。我们这次讨论的主要内容，着重在这一地区、这一期间的文化类型的分析与分期，其总的目的，据我的理解，是要经过讨论，有助于我们找到各自下一步工作的主攻目标。这就是我上次谈到的“突破重点”的那些“重点”。要突破重点，先要找到重点。而突破它则还有待于我们在今后工作中去实现。

二

会上大家对“青莲岗文化”意见的分歧，恰恰说明连接苏、鲁、豫、皖这一广大地区的原始文化是摆在我们面前的一个重要课题。我所说的“摆在我们面前的课题”，可以从两个方面来考虑：一是从全局看，具有重要性，甚至可说具有紧迫性；二是现在已有一定的材料、线索，有条件在较短的时间内，经过努力，可以取得成果。从学术的和工作组织的角度考虑，可以分为三个问题：

第一，在微山湖—洪泽湖以西的苏、鲁、豫、皖四省邻境地区与古代历史上的所谓“徐夷”、“淮夷”有关的古代文化问题。徐夷、淮夷在我国古代历史上起过重要作用。如果把山东的西南一角、河南的东北一块、安徽的淮北一块与江苏的北部连在一起，这个地区出土的新石器时代遗存确有特色，这可能与徐夷、淮夷有关。古人说“江淮河汉，谓之四渎”。不能把黄河流域、长江流域的范围扩大到淮河流域来，很可能在这个地区存在着一个或多个重要的原始文化。现在，我们在这个地区做的工作还不多，材料零散，有如在海面上还只露出了一点的冰山，下面还隐藏有一大块。需要我们在注意了解全面情况的条件下，及时地抓三件事：①抓早于青莲岗类型并与之有关的遗址（这方面我们已有些线索）；②抓在淮河流域动土工程中遇到的如大墩子那样包含时间较长、材料丰富的较大的遗址；③抓相当商周甚或更早的、有较多青铜器或建筑遗迹的古遗址。我们是否可以考虑搞大协作，集中优势兵力打歼灭战。

第二，以南京为中心，包括宁镇地区，连接皖南与皖北的江淮之间（如皖南屯溪、皖北的肥西）以及赣东北部一角。这一地区原始文化有自己的特点，例如南京北阴阳营遗址，原始社会的新石器文化与阶级社会的青铜文化相衔接。这个地区的原始文化似乎有它自己的来源和发展序列，并且较早地与中原地区的文化有了更密切的联系，从而发展成为有别于太湖地区的文化，对于在我国西北、东南两大地区文化之间的交流，曾经起过独特的作用。

第三，太湖—钱塘江地区，即古吴越地区。吴县（今属苏州市，后同）草鞋山、余姚河姆渡两处遗址是两个典型突破口，而常州、苏州、上海市郊及浙江的杭、嘉、湖地区诸遗址正好成为两者间的一系列连接站。除这些现已在手下的材料线索之外，还应跟踪追击：①早于马家浜类型并与之有关的早期新石器—中石器时代的遗存；②继草鞋山上层那类原始文化遗存之后并与之衔接的我们称之为古“吴越”的那类出印纹硬陶、釉陶、青铜器的古遗址，在大量的这类遗址中去找规模较大的遗址。这样的遗址，有些可能就在今天的城市及其附近，有些也可能不是这样，如“淹城”遗址。

下面谈山东地区。对于这个地区的原始文化探索，以大汶口为中心，从时间上已经初步往上追溯到兖州西桑园—滕县（今滕州市，后同）北辛、兖州王因诸类型遗存，往下已可接连到原来称之为“龙山文化”以及可称之为“古齐鲁”等诸早期古遗址。从空间上看，在泰山周围，已经初步把泰安、济宁、临沂、昌潍等地区和济南市连成一片。下一步将是探索和研究它们所涉及的“源”和“流”、年代分期、社会发展诸阶段，以及从它们之间（省内诸地区）文化面貌上的差异性、社会发展的不平衡性所反映的相互影响和作用，它们与邻省地区之间的相互影响和作用等问题，应作为重点。另一个问题，是根据我们现在已知的山东半岛—烟台地区与辽东半岛两地区发现的材料线索，一是说明它们有自己的特点，如粗看像大汶口文化的东西，细看又有它的特点；二是说明它们之间有密切联系，考虑到这两个半岛作为我国腹地与我国东北部以及东北亚之间的重要通道，在我国古代的特殊地理位置与特殊作用，不能说它是次要问题。近年在旅大的老铁山上郭家村的工作，将可能是个重要突破点。山东方面，位于蓬莱北边的长岛，据说也有一些同样重要的线索。要单独作为一个课题，另行安排。

再谈谈岭南的广东，就是那个“更加郁郁葱葱”的南粤地区。广东省博物馆在韶关南边曲江马坝石峡的发掘已经初步取得可喜的鼓舞人心的成果。下一步是加快步伐，扩大战果，向深度和广度进军的问题。第一，石峡自身不仅包括有如这次讨论中所涉及的青莲岗、大汶口、龙山、良渚那一类、那一阶段的材料和线索，它还包括相当于商周的以印纹硬陶为特征与釉陶或原始瓷及青铜器共生，可与江西近年发掘的清江吴城类型遗址直接联系起来的阶段。第二，由此上溯到新石器时代早期—中石器时代，在它的东北边即北江上游的始兴已有重要线索。第三，汕头地区有比较集中、比较发达的相当于商周的古文化遗存。一句话，大有可为，应予重视。

那里（韶关地区）的工作不仅仅从我国全局来看是重要的，它像位于南岭山脉中间、可以透视南北的一个窗口，沟通南北的一个门户，还为我们探索我国古代与中南半岛甚至南太平洋地区的关系问题找到一把钥匙，在那里（岭南）开展工作，还有比以上两大块更为便利的条件——问题集中、遗址集中，真是“石峡虽小，关系甚大”。

三

最后，讲一点希望。让我重复一遍开幕时谈的两点：①解放思想，实事求是；②胸怀全局，突破重点。在粉碎“四人帮”、抓纲治国、大干快上的大好形势下，在各级党组织的领导下，在我们这支队伍正在不断增加新生力量的情况下，在迎接即将到来的中华人民共和国成立三十周年的一、二、三年内出成果、出人才、出经验，改进工作，改变学科面貌，在若干重大课题上取得突破性成果，这是我们的衷心愿望。谈的不一定正确，不一定都切合实际，辜负了同志们的期望。这心情同志们是会体谅的。

（原载于《文物》1978年第3期）

在长江下游新石器时代文化学术讨论会上的讲话（1977年10月）

苏秉琦

建立马克思主义的中国特色的考古学

——1977年10月8日在开幕式上的讲话

由南京博物院和文物出版社联合发起的长江下游新石器时代文化学术讨论会，今天在南京开幕了。我受邀参加这个会议，感到高兴。我祝贺这次讨论会开得成功。

这是考古学术界的一次盛会。自从1956年在北京举行考古工作会议以后，至今还没有举行过这样规模的学术会议。这是粉碎“四人帮”以后，在新的历史时期里，我国学术界繁荣兴旺的标志。这次会议，不是单纯的学术会议，而是涉及考古工作、考古学学科、文物考古事业在今后走什么道路的重要会议。我们要讨论的是：在今后新的历史时期里，考古学这门学科如何承前启后，发挥其应当发挥的作用。这样的会要一次一次地开下去，使学术交流活跃起来，学术研究深入下去，考古工作朝气蓬勃地推向前进。

中华人民共和国建立已经二十八年了。回顾过去，我们的事业尽管有过曲折，中国的考古学却总是得到了飞跃的发展。中华人民共和国成立以来，我们进行了大规模的考古发掘，积累了大量的资料，取得了丰富的正反两方面的经验，在探讨中国古代历史的重要问题上取得了显著的成果。中国考古学经历了黄金时代。但是，我们从20世纪50年代起想搞的马克思主义考古学，至今还不能说在理论上有重大的建树。材料是大大的，理论是小小的——这就是我国考古界的现状。我们的目标是：建立马克思主义的中国特色的考古学。我认为，依靠我们大家的共同努力，把马克思主义的理论和考古学的实践结合起来，在我们这一代是能够实现这个目标的。

为了开好这次讨论会，我提出两点意见：

（1）解放思想，实事求是。我们讲要赶、超世界先进水平，这就要解放思想，实事求是。我们这门学科的世界水平是指什么？这绝不是指出版物用最好的纸张，照片制版精美，装潢印刷漂亮。这当然也要，但绝不是最重要的。我们要在马克思主义的指导下，从考古学的基本理论出发，进行大量的真正科学的田野考古工作和综合研究工作，建立中国考古学的科学体系，阐明中国文化的起源和发展、中华民族的形成和发展、中国这个统一的多民族的国家的形成和发展，弄清中国历史的真面貌。这才是我们这个学科所要达到的世界先进水平。

（2）胸怀全局，突破重点。我们祖国的历史是人类历史的重要部分。我国有五千年文明史，两千多年前就形成统一的多民族的国家，历史悠久、连绵不断，文化发达、丰富多彩。在世界上还没有第二个这样的国家。我们工作中要时时记住这一点，同时要抓住重要紧迫而又有实际可能的课题加以解决。力量要用在点子上。找出考古工作中的主攻目标，抓住重点，集中力量打歼灭战，在较短时期内一个一个问题突破，达到“柳暗花明又一村”的境地。

我的话完了。最后，让我再一次祝贺这次讨论会开得成功！

略谈我国东南沿海地区的新石器时代考古

——1977 年 10 月 14 日在全体会议上的讲话

在这次讨论会开幕时，我在发言中提出了几点意见，抛砖引玉。现在会议临近结束，我再一次发言，向同志们汇报这一周内学习的几点体会，供大家参考。

一

让我先谈一些对于这次讨论会的认识。这次讨论的区域名义上是长江下游，实际上包括了从山东到广东，即差不多我国整个东南沿海地区。讨论的课题是新石器时代文化，从社会发展史角度来说，这一时期包括从原始公社氏族制（原始共产主义社会的繁荣阶段）到私有制产生，以至进入阶级社会前夕，既涉及我国文化的起源和发展道路，还涉及我中华民族的形成，涉及我国作为一个统一多民族国家的历史背景等我国历史考古的基本课题。要回答这个课题是长期的任务，但是要不断地进行探索。

诚然，会上提出的论文材料所涉及的地理范围，只占我国总面积的一小部分，涉及的历史时代，集中在距今六七千年到距今四千年上下这一期间（只有江苏溧水县回峰山神仙洞发掘的材料距今一万年左右时间）；但这些材料所涉及的我国的历史的意义，却远远地超出了材料论述的范围。这是因为：我国历史地理，在某些意义上，大体可以分为两大部分——面向海洋的东南部地区和面向亚洲大陆腹地的西北部地区。作为这两大部分之一的东南部地区在我国社会历史与民族文化的诸特征（如历史悠久、连绵不断，文化发达、丰富多彩，统一的多民族国家等）的形成过程中一直起着重要作用。这个地区各类型原始文化，在形成灿烂的中国古代文化中常常是作为一个对应的方面而发挥着积极作用的。这就是说，在我们中华民族的历史上，东南部地区作为一个方面，西北部地区作为另一个方面，互相影响，互相作用。这就是我们国家的全部历史，这就是全局。上次我在发言中提到的“胸怀全局”，也就是这个意思。

对于东南沿海地区的诸原始文化的定性问题，尽管有各种不同的意见，但是总归共同意识到这一点，这个地区经常是作为一个整体在历史上起作用，而不是单独的某一原始文化、某一块块（地区）在起作用。让我举例作些说明：

（1）这一地区诸原始文化中普遍流行的穿孔石斧、石钺、有段石锛、圈足陶器、三足陶器，既是它们的共性，又是它们区别于和它们相对应的西北广大腹地诸原始文化的特征。如有段石锛，在这个地区是普遍突出的东西，分布面极广，一直延伸到南太平洋的新西兰等地，在西北部地区则是难得碰到的东西。这一地区的三足陶器最终成为中华民族的文化特征。

（2）这一地区诸原始文化的社会发展，普遍地具有比较明显的大体上一致的阶段性。西北部地区就不大一样。这问题被人们清楚地意识到，是1959年的事情。当时由中央委托王冶秋、尹达二人负责，组织从全国借调来的历史考古学者一百几十人，为中国历史博物馆建馆设计“中国通史”陈列，原始社会阶段把大汶口的东西摆在龙山文化之前，当时这样处理的原因是清楚的。仰韶文化——母系氏族制，龙山文化——父系氏族制，和业已出现阶级、国家的夏禹治水似乎中间还缺少应有的过渡阶段。大汶口的墓葬贫富对比鲜明，正好可以弥补上这个缺环。事实上，参加过大汶口发掘和整理工作的同志对于大汶口的墓葬早于龙山文化是清楚的。如此设计，造成年代顺序的倒置是明显的失误。同样明显的是，如果把上述顺序纠正过来，把大汶口墓葬放在和它相对应的仰韶文化的某一阶段并列起来，那么，两者在文化传统上的差异就格外突出了。

（3）它们在这一期间对我国其余人口密集的广大地区的影响、作用是显而易见的。如到青铜时代流行于全国广大地区的以“鼎、豆、壶”组合而成的礼器、祭器就是渊源于这一地区。

这是问题的一面。还有另外的一面。

最近发表的毛泽东同志在1963年12月13日为中共中央起草的党内指示中说：“事物（经济、政治、思想、文化、军事、党务，等等）总是作为过程而向前发展的。而任何一个过程，都是由矛盾着的两个侧面互相联系又互相斗争而得到发展的。”他要我们在观察任何事物的时候，避免形而上学的思想方法，运用马克思主义对立统一规律来进行分析。我国东南沿海地区的新石器诸文化，尽管它们呈现出许多相似之处，存在明显的共性，这只能说在当时它们之间具有比较密切的联系，而不能说它们属于一个某种的人们共同体。不能因为联系密切而混在一起。亲戚是亲戚，朋友是朋友，不等于是一家人。因此，越是看到相同、相似的时候，越是要分开来看，不然看不到事物的真相，看不到问题的实质。东南沿海地区，直到今天，在经济、语言、风俗上还这么复杂，难道在几千年前却是一个样，属于同一个共同体？

说来说去，我看还是得实事求是地分开，不分既不符合今天的现状，也不符合历史的实际。分开来看，比较符合客观实际。研究欧洲资本主义的发展史，不能笼而统之当作一个整体，而是要按国家分开来研究，因为各国资本主义发展的具体过程不一样，马克思就是按英国、法国、德国，一个一个国家进行研究的。在我国东南沿海地区的新石器诸文化必然还是在它们各自的一定范围内，按照历史唯物主义的客观规律，按照它们各自的社会关系和文化传统而向前发展的。它们之间的互相影响、作用应该重视，但总是第二位的。第一位的还是它们各自如何发展的。

我们这次讨论的主要内容，着重在这一地区、这一期间的文化类型的分析与分期，其总的目的，据我的理解，是要经过讨论，以利于我们找到各自下一步工作的主攻目标。这就是我上次谈到的“突破重点”的那些“重点”。要突破重点，先要找到重点。而突破它则还有待于我们在今后工作中去实现。学术问题要通过实践来解决。这次会议通过讨论，互相启发，帮助找到各自工作的重点，起到杠杆作用、推动作用，那就达到预想的目的了。

二

现在，我谈谈有关东南沿海地区新石器时代考古摆在面前的一些问题以及我们的任务，和大家交换意见。

在中华人民共和国成立初期，这个地区由南京博物院为主力的华东文物工作队进行考古工作，因此，我们的东道主对这一地区的考古工作做得多一些，积累的资料丰富一些，探索问题也宽广一些、深入一些。这使我想到十多年前曾昭燏、尹焕章两位老同志，还有在座的赵青芳同志，他们对这一地区的考古工作是有贡献的。曾、尹两位老同志过早地去世，使我们感到遗憾。他们如果活到现在，同我们大家在一起，那该多么好啊。我同时也想到，现在南京博物院担任工作的同志，肩上的担子是很重的，但也是很光荣的。

会上大家对“青莲岗文化”意见的分歧，恰恰说明连接苏、鲁、豫、皖这一广大地区的原始文化是摆在我们面前的一个重要课题。我所说的“摆在我们面前的重要课题”，可以从两个方面来考虑：一是从全局看，具有重要性，甚至可说具有紧迫性；二是现在已有一定的材料、线索，有条件在较短的时间内，经过努力，可以取得成果。天下没有轻而易举的事。要看到需要，也要考虑到可能，采取积极扎实的态度。从学术的和工作组织的角度考虑，可以分为三个地区：

第一，在微山湖—洪泽湖以西的苏、鲁、豫、皖四省邻境地区。这一地区与古代历史上的所谓“徐夷”、“淮夷”的古代文化有关。徐夷、淮夷在我国古代历史上起过重要作用。如果把山东的西南一角、河南的东北一块、安徽的淮北一块与江苏的北部连在一起，这个地区出土的新石器时代遗存确有特色。古人说“江淮河汉，谓之四渎”。淮河流域很可能存在着一个或多个重要的原始文化。1971年我们在河南息县干校的时候，在淮泛区同样找到了许多处遗址。过去对信阳三里店的资料不重视，在息县发现的遗址，找到二里头文化的东西，在它的下面有像三里店出的陶片，很可能是二里头文化的前身。我以为探索二里头文化的渊源，最有希望的是沿着淮河流域，特别是北侧的汝河、颍河流域去找。淮河下游的青莲岗遗址是压在河水泛滥的淤土下，可以往淮河上游找，注意那些高出平地的土墩。总之，淮河流域在中国考古学中确实具有不可低估的重要性。这个地区也是中国古代文化发源地之一。现在，我们在这个地区做的工作还不多，材料零散，犹如在海面上还只露出了一点的冰山，下面还隐藏着一大块。需要我们在注意了解全面情况的条件下，及时地抓三件事：①抓早于青莲岗类型并与之有关的遗址（这方面我们已有些线索）；②抓在淮河流域动土工程中遇到的如大墩子那样包含时间较长、材料丰富的较大的遗址；③抓相当商周甚或更早的出有较多青铜器或建筑遗迹的古遗址。我们是否可以考虑搞大协作，集中优势兵力打歼灭战。

第二，以南京为中心，包括宁镇地区，连接皖南与皖北的江淮之间（如皖南屯溪、皖北的肥西）以及赣东北部一角。这一地区原始文化有自己的特点，例如南京北阴阳营遗址，原始社会的新石器文化与阶级社会的青铜文化相衔接。溧水神仙洞还有更古的遗存。这个地区的原始文化似乎有它自己的来源和发展序列，并且较早地与中原地区的文化有了更密切的联系，从而发展成为有别于太湖地区的文化，对我国西北、东南两大地区文化之间的交流，曾经起过独特的作用。

第三，太湖—钱塘江地区，即古吴越地区。吴县草鞋山、余姚河姆渡两处遗址是两个典型突破口，而常州、苏州、上海市郊及浙江的杭、嘉、湖地区诸遗址正好成为两者间的一系列连接站。除这些现已在手下的材料线索之外，还应跟踪追击：①早于马家浜类型并与之有关的早期新石器—中石器时代的遗存；②继草鞋山上层那类原始文化遗存之后并与之衔接的我们称之为古“吴越”的那类出印纹硬陶、釉陶、青铜器的古遗址，在大量的这类遗址中去找规模较大的遗址。这样的遗址，有些可能就在今天的城市及其附近，有些也可能不是这样，如淹城遗址。古“吴越”地区不是一个落后地区。把原始文化与青铜文化衔接起来，就可看到古“吴越”的真面貌。

下面谈山东地区，对于这个地区的原始文化探索，以大汶口为中心，从时间上已经初步往上追溯到兖州西桑园—滕县北辛、兖州王因诸类型遗存，往下已可接连到原来称之为“龙山文化”以及可称之为“古齐鲁”等诸早期古遗址。从空间上看，在泰山周围，已经初步把泰安、济宁、临沂、昌潍等地区和济南市连成一片。下一步将是探索和研究它们所涉及的“源和流”、年代分期、社会发展诸阶段，以及从它们之间（省内诸地区）文化面貌上的差异性、社会发展的不平衡性所反映的相互影响和作用、它们与邻省地区之间的相互影响和作用等问题，应作为重点。另一个问题，是根据我们现在已知的山东半岛—烟台地区与辽东半岛两地区发现的材料线索：①说明它们有自己的特点，如粗看像大汶口文化的东西，细看又有它的特点；②说明它们之间有密切联系。考虑到这两个半岛作为我国腹地与我国东北部以及东北亚之间的重要通道，在我国古代的特殊地理位置与特殊作用，不能说它是次要问题。近年在旅大的老铁山上郭家村和长海诸岛的工作，可能是个重要突破点。山东方面，位于蓬莱北边的长岛，已知也有一些同样重要的线索。要单独作为一个课题，另行安排。

再谈谈岭南的广东，就是那个“更加郁郁葱葱”的南粤地区。广东省博物馆在韶关南边曲江马坝石峡的发掘已经初步取得可喜的鼓舞人心的成果。下一步是加快步伐，扩大战果，向深度和广度进军的问题。第一，石峡自身不仅包括了相当于这次讨论中所涉及的青莲岗、大汶口、龙山、良渚那一类、那一阶段的材料和线索，它还包括相当于商周的以印纹硬陶为特征与釉陶或原始瓷及青铜器共生，可与江西近年发掘的清江吴城类型遗址直接联系起来的阶段。第二，由此上溯到新石器时代早期—中石器时代，在它的东北边即北江上游的始兴已有重要线索。第三，汕头地区有比较集中、比较发达的相当于商周的古文化遗存。一句话，大有可为，应予重视。

那里（韶关地区）的工作不仅仅从我国全局来看是重要的，它像位于南岭山脉中间、可以透视南北的一个窗口，沟通南北的一个门户，还为我们探索我国古代与中南半岛甚至南太平洋地区的关系问题找到一把钥匙，在那里（岭南）开展工作，还有比以上诸地区更为便利的条件——问题集中、遗址集中，真是“石峡虽小，关系甚大”。

三

最后，讲一点希望。让我重复一遍开幕时谈的两点：①解放思想，实事求是；②胸怀全局，突破重点。在各级党组织的领导下，争取以最快的速度出成果、出人才、出经验，改进工作、改变学科面貌，在若干重大课题上取得突破性成果，这是我们的衷心愿望。谈的不一定正确，不一定都切合实际，辜负了同志们的期望。这心情同志们是会体谅的。趁这个机会，向参加讨论会的同志们表示感谢，谢谢大家。

（原载于《东南文化》1986年第1期）

“嘉兴会议”发言录存

苏秉琦

编者按：1984年11月16日至18日，太湖流域六市博物馆在嘉兴联合举办了太湖流域古动物、古人类、古文化学术座谈会，简称“嘉兴会议”，至今已经20年了。

太湖流域六市博物馆联合举办的“太湖流域古动物古人类古文化联展”和为此举行的太湖流域“三古”学术座谈会，是一件很有意义的创举。

类似的围绕一个专题，组织跨地区、跨学科、跨部门、跨单位的学术活动已经很多，例如最近在北京召开的“燕文化讨论会”，在镇江召开的“吴文化讨论会”，但都与此不同。第一，跨学科的范围不同，这个会是跨自然科学与社会科学，而那两个会仅限于社会科学。第二，专题性质不同，这个会所涉及的太湖流域，既属于自然地理范畴，又属于人文、历史的“区系”范畴。

我相信，这一创举是会吸引越来越多的专家学者的重视，并将得到越来越多的各方面的支持。

实践将会证明，这一创举是富有生命力的，并会产生深远的影响。

一

按照座谈会召开者的提法，我谈些有关“古文化”的问题。但在我心目中，可能也是在座同志们心目中所考虑的，实际是考古学方面的问题。因此，谈的内容是“太湖流域考古问题”。

开会第一天，毛昭晰副厅长、陈晶同志都追述到20世纪30年代施昕更在良渚的工作和著作，当时我就看得很重要，施昕更当时是二十多岁的青年人，在三十年代做考古工作，起步早，称得起是开拓型人物。这项工作说明他已认识到太湖流域古文化有特色。当时卫聚贤等人倡导的吴越史地研究会，寿命不长，活动不多，抗日战争爆发后，就没有下文了。但这也说明它的发起者已清楚认识到吴越史地作为专门课题的重要性。良渚遗址发现初被归入龙山文化，认为比龙山文化晚。这和当时学科还在初创阶段有关。对考古学文化认识还重在描述基础上的定性，把“仰韶”、“龙山”文化概念扩大不着边际了。陈晶同志还介绍了从那时起到现在有关这方面的重要工作发现与研究成果。他们二位的发言，照我的理解，无非是说明我们今天的以及今后的考古工作是过去几十年工作的继续和发展。我想要强调的是，我们这个会不妨说，又是一个新的起点。

新在哪里呢？①思想认识方面的，我们是把“太湖流域”从考古学文化区系来再认识的，而过去我们没有这样的认识。②工作条件方面的，在地跨两省一市的范围内，大致分析，涉及的几乎太湖流域全部的市、县都已有一些业务骨干、工作、资料和研究，即都已具备了相当的基础。如在座多数同志都是业务骨干。有些年青同志虽然似乎比专家学者还缺少点什么，但他们都是业务骨干。当年有一个施昕更，现在已具有一批施昕更这样的业务干部。昆山的同志提出，太湖流域考古“自成体系，吴越一家”，他自己说是“坐井观天”，但我觉得他毕竟是看到了“天”的一部分。③工作关系方面的，在此区系范围内，今后已经有可能有目的、有计划、有步骤地进行考古工作了。条件成熟了，能搞联展，开座谈会，说明也可有计划地开展工作，不管是跨地区、跨学科、跨系统、跨单位，过去不可能的事，现在有可能了，这又是一新。这三者用一句话来概括，就是在我们这个时代，太湖流域考古正在面临一个新的局面。不言而喻，“新局面”既不是自然而然地出现，也不会自然而然地发展的，事在人为。我很收赏英国哲学家罗素讲的哲理，他说人生就像河流，早年是山间涓涓细流，中年是滔滔大河，晚年归于大海[1]。他的说法思想境界高，文学水平也高。我已过七十五岁了，和大家在一起感到年轻了，这不就像归于大海了吗？总之，新的局面要有新的人来开拓。老的当然更应该起作用，但我们国家重视新的一代，因为新局面的实现，毕竟是有赖于我们新一代开拓者的努力。

先谈思想认识问题。“太湖流域”是客观存在，“太湖流域考古”也是客观存在。但我们现在把“太湖流域考古”当作一个单独的大课题，则是思想认识问题，这是主观的。1977 年长江下游新石器时代文化学术讨论会是把东南沿海连接一片讨论，没有把太湖流域作为独立的课题，现在把它作为单独的课题，这是个新事物。科学的发展是有它自己的客观规律的，一个学科的发展同样如此。客观规律是不以人的意志为转移的，人们可以通过实践来认识它，并自觉地按规律办事，或者是不认识它，但不能不受它支配和制约。认识与不认识，自觉与不自觉，结果是大不相同的，要么事倍功半，要么事半功倍，要讲究效率和效益。现在我们提出“太湖流域考古”是从我们对中国考古学的发展到现在所提供的具体条件，对这门学科发展规律性的认识，和对于“太湖流域”考古学文化的“区系”性质的再认识为依据的。这与过去工作的积累分不开，过去是摸索前进，现在是有目的进行。过去有所认识，不系统，不科学，今天则是系统的、科学的，今天的工作是过去工作的发展，又是新的起点。所谓“再认识”的具体内容是什么呢？大致包括它的渊源、特征、发展道路加上它同上下左右的关系等，这样，我们现在已经可以说，对它的质、量都已具备了基本的认识，就是哲学上讲的本质问题，作为一个考古学文化区系的实体，已不再是捉摸不定的了。太湖流域东临海，北到长江，西到茅山山脉，南达天目山麓，这三四万平方千米，是一个考古学文化的实体，有一个不清晰的边际界限，这是个数学概念。我们现在叫作的马家浜文化有草鞋山、罗家角等类型，有共同渊源、特征。后来的良渚文化范围与此相似。压在良渚文化上面的是“古吴越文化”（或称“后良

① 引自罗素《论老之将至》一文。原文如下：“每一个人的生活都应该像河水一样——开始是细小的，被限制在狭窄的两岸之间，然后热烈地冲过巨石，滑入瀑布。渐渐地，河道变宽了，河岸扩展了，河水流得更平衡了。最后，河水流入了海洋，不再有明显的间断和停顿，而后便毫无痛苦地摆脱了自身的存在。……我渴望死于尚能劳作之时，同时知道他人将继续我所未竟的事业，我大可因为已经尽了自己之所能而感到安慰。”（见《世界散文精粹》，人民文学出版社，2003 年，第 25、26 页）

渚文化”)，古吴越文化也是个考古学文化概念，大体还是这个范围，不应笼统地叫它“几何印纹陶文化”。它与传统史学上的南方百越、西方荆楚、北方东夷有区别。历史是具体的历史，社会发展史并不等于具体的历史，《联共党史》有一段精辟议论，“历史科学要想成为真正的科学”就“首先应当研究物质资料生产者的历史，劳动群众的历史，各国人民的历史”①。太湖流域考古是不是个科学概念？是。现在可以这样讲，因为我们做了工作。在这个大课题范围内，再分课题，开展工作，根据新的工作提出新的认识。因此，我们不妨把过去几十年来在此范围内的工作成果作为一笔账加以总结，把今后的工作另起一笔，从头开始。

再谈工作条件问题。过去我曾听说，地跨两省一市范围内的“太湖流域考古”，在工作中存在或发生这样那样的矛盾。但我从另外角度看，这既反映了这个范围内省、市、县大都已具备一定的工作实力、成果，还反映了我们这个队伍的活力、生气、积极性，这是一个生气勃勃的现象。既然我们可以搞联展，又可以开会座谈，那么今后我们又有什么理由不可以在开展新的工作中，互通声气、互相交流经验、互相配合，直至进行某种形式（只要彼此认为合适的形式）的协作呢？一个国家可以两种制度，国与国间可以和平共处。我们同行中，从这次“联展”、“座谈”当中我并没有听说、也没有觉察到有什么矛盾。胡耀邦同志讲“政通民和”，我看，我们如能按照科学自身的规律开展科学工作，也会“一顺百顺的”。这是我的认识，也是我的愿望，在座的同志大概不会有人反对，没有参加这个会的各方面、各单位，从领导到具体工作同行不也一样吗？这次座谈会准备得不够充分，联展没有摆出系统的材料，如 1983 年 7 月辽宁朝阳二十来人的座谈，是把工作的成果摆出来，参观工地，按地点、按层位、按单位摆出若干成组的标本，大部分是陶片。我们这里没有这样做，明年是否可以这样做？

---

① 引自《苏联共产党（布）历史简明教程》第四章（二）论辩证唯物主义和历史唯物主义。原文如下：“历史科学要想成为真正的科学，就不能再把社会发展史归结为帝王将相的行动，归结为国家‘侵略者’和‘征服者’的行动，而首先应当研究物质资料生产者的历史，劳动群众的历史，各国人民的历史。”（见该书，人民出版社，1975 年，第 135 页）

最后谈工作关系问题。同行但不同地区、不同系统、不同单位的同志没有理由不通气。我个人认为关键是互相尊重、调动一切积极因素。使我感受特别深刻的是基层单位领导、业务骨干，对这项工作的热情和对这项事业的积极态度。因此，我相信，同志们今后有目的、有计划、有步骤地开展工作没有什么大不了的困难。如燕山南北，大家谁也没有干涉谁的工作，只要互相尊重，看法不一样不会影响工作，做出来的工作则是大家共同的“财富”，大家还可轮流“坐庄”，关心自己工作，也关心别人的工作，考古资料可以交流。太湖流域得天独厚而且人才众多。我相信出成果、出人才会是较快的、加速度的，会对全国起到带头作用的。

二

上面是从考古学科建设和发展角度来谈“太湖流域考古”。下面再从考古工作角度来谈些当前“太湖流域考古”的内容和方法问题。

“太湖流域考古”的工作内容主要有三项：

（1）马家浜诸文化。圩墩、罗家角、马家浜、草鞋山都是一条板凳上的弟兄，有共同的因素，共同的渊源，走过一条相似道路，它们的根，现在还不清楚，要弄清楚，课题还可以叫作“马家浜诸文化”。例如：北方“红山诸文化”，现在已经知道有四个类型①，多“之”字纹陶器，发展过程相似，但其他方面差异很大。在这种“之”字纹陶器出现前已发现一些地点具有它的“原型”特征，可以称作“前红山文化”。马家浜诸文化也类似，都有腰沿釜，但从它的“原型”发展为形制特征各不相同的几个支系。这就需要我们继续做工作。

（2）良渚文化。如何从马家浜文化过来的，社会发展阶段不同是问题的一个方面。从马家浜诸文化到良渚文化，太湖流域考古学文化自成一个体系是问题的另一个方面。崧泽文化是马家浜文化到良渚文化的过渡阶段。从马

① 指辽宁、内蒙古发现的红山文化、富河文化、赵宝沟类型、兴隆洼类型。参见苏秉琦《辽西古文化古城古国》一文，刊于《文物》1986 年第 8 期和《辽海文物学刊》1986 年创刊号，收入苏秉琦考古学文集《华人 · 龙的传人 · 中国人——考古寻根记》（辽宁大学出版社，1994 年）。

家浜到良渚是个复杂问题。在中原地区考古学文化中，庙底沟二期、客省庄二期、王湾二期，都具有这种过渡阶段性质，还是有待探索的课题。把它看作已经解决的问题，或是把它当作一个简单的问题，都不利于学科的发展。古埃及，古代两河流域，古希腊、罗马，因为没有这个过渡，所以文化都中断、消失了。现在的埃及和古埃及，从文化上说是两回事。中国则不同，古代文明连绵不断，具有五千年的悠久历史。在世界历史上，还只有这个典型，这是值得我们自豪的。我曾经说过："欧洲是破碎的，美洲是落后的，东亚是完整的"，就是这个意思*。

良渚文化在中国古代文明史上，是个熠熠发光的社会实体。上海发掘了福泉山良渚文化墓地，出土大量精致的陶器和玉器，这些器物都不是寻常生活用品。但尤为重要的是它的如同丘陵的大封土堆。它反映墓主特定的身份，神圣的地位。即使是百万富翁、亿万富翁，没有这样崇高的地位，就没有这个资格。因而，这个大封土堆、大土台，是最重要的。联系到远比它更早的近年在辽宁建平发现的属红山文化后期营建在山顶上成排的所谓"积石冢"，自秦汉以来用"山陵"一词称呼帝王冢墓，渊源甚古。这个封土堆，这个大土台，就像辽宁北戴河（今属河北省）发现的秦始皇碣石宫一样，是客观存在，本身就是重要遗迹，应该保存下来加以妥善保护。我们这个号称具有五千年历史的文明古国的黎明期历史虽然还是"若明若暗"，但已决不再是"虚无缥缈"的传说神话了。

（3）"后良渚文化"，即古吴越文化。主要是指西周以前的早期青铜文化，也就是马桥遗址第四层为代表的那类遗存。现在大家在讨论"太伯仲雍奔吴"，太伯是奔无锡还是奔镇江，我们暂且不谈，反正在此之前，这个地区曾有过自己的青铜文化，产生过自己的国家——吴越。当然周人对这里政治文化影响决不能低估。但古文献记载中所谓"文身断发"倒似乎恰恰说明周人也曾经历过一个"地方化"融合过程，为秦人的统一事业开辟了道路。太伯奔吴是带着一批能文能武的知识分子，一手握着利剑，一手托着礼器，奉着周王室的使命，同当地土著相结合。他们到一个地方，重政而随俗，与当地头面人物结合起来进行统治，随从当地的风俗，以被

* 仿宋体字部分内容不见于《东南文化》1987年第1期。下同。

改造的姿态改造人，这是他们高明的统治办法。因而，周人在中华民族的历史上起了重要作用。秦始皇统一中国，实际上是周人事业的继承者和完成者。

今后开展“太湖流域考古”工作的关键问题，我看是要从方法论上有个大的转变。新时期不应总“率由旧章”①。近代考古学方法论的三个基本点：层位学方法、类型学方法和考古学文化概念，现在不是摒弃不用，而应像《诗经》所谓“周虽旧邦，其命维新”②。新在哪里？转变要从何说起？长话短说，我的想法是要从微观和宏观结合上加以发展。没有微观研究，就没有牢固的基础，发现不了具有普遍意义的规律；没有宏观研究，就不能掌握方向，高屋建瓴，抓住核心。毛泽东同志在湖南、江西作农村调查，解剖一个个“麻雀”，写出《湖南农民运动考察报告》《农村调查》等著作，解决的是中国民主革命具体规律的大问题。我国老一辈地质学家翁文灏把他的一本著作题名为《锥指集》，锥所指的是一个点，但所要研究的是地球形成的历史。同样，对今天我国考古工作者来说，是否也可从中得到一些启发呢？通过一个个典型遗址的解剖，对具体的遗址、遗物作全面、细致的考察，就能发现考古学文化的具体内涵和发展序列，发现生产技术、社会关系、生活关系、生活习俗的变化，揭示客观历史的本来面貌。

我试在此提出几点不成熟的想法，和同志们商讨。

（1）平面存在的事物要立体地来看。考古发掘中的一个墓葬、一个灰坑都是立体的，埋的东西不一定是同一时期；一个层次是一个时代，跨过很长的时间。

（2）静态的叠压、层位关系要动态地来看。电影胶片一张张是静的，连起来就是动的。层位关系是活人的活动，不是静态的，而是动态的，是千百年来人的活动形成的。

---

① 引自《诗经·大雅·嘉乐》（第249篇），全句为“不愆不忘，率由旧章”。其意为：没有过失，没有疏漏，一切遵循旧有的（祖先的）规章。

② 引自《诗经·大雅·文王》（第235篇），原文为“文王在上，于昭于天。周虽旧邦，其命维新”。其意为：文王之灵高高在上，他的光辉照耀上天；岐周虽是古老邦国，它的国运革旧更新。

（3）从运动中分析出规律性东西。

（4）从规律运动中要看到发展，即事物本质及其变化。

（5）从上下左右关系对考古学文化实体做出定性、定量分析。

我的愿望是：在我们今后工作中尽量减少低水平的重复劳动。这是全部问题的关键所在。

（原载于《东南文化》1987年第1期，题为《太湖流域考古问题》；又收入苏秉琦先生所著《华人·龙的传人·中国人——考古寻根记》，1994年辽宁大学出版社出版；后根据无锡市博物馆冯普仁教授的录音整理作了增补，并由南京博物院研究员汪遵国先生加了附注，收录于《长江文化论丛》，2005年出版）

关于考古学文化的区系类型问题

苏秉琦　殷玮璋

考古学文化的区、系、类型问题，是我国考古学，特别是新石器时代考古学的一项基本任务。

1979 年 4 月，在西安召开的全国考古学规划会议上，我们曾经提出这个问题，目的在于引起各地的同志们在今后的工作中予以重视，并适当地把它列入今后的工作计划之中。这里，我们对这个问题再做些探讨，以期与同志们进一步讨论。

一

关于我国考古学文化的区、系、类型的划分，是我国考古工作获得飞跃发展后提到我们面前的一个新课题。

近代考古学在中国出现的时间并不长，但这一学科获得的发展却相当迅速。特别是中华人民共和国成立以来，考古发现无论从上下所跨的时代或涉及问题的广度来说，都是空前的。很多空白已被填补；不少重大的课题被提到我们的面前。我国的考古学已经初步建立起自己的体系。这一切都表明我国考古学的发展已经进入新的阶段。这是我们今天提出探讨区、系、类型这一课题的前提。

以新石器时代考古来说，中华人民共和国成立前的工作主要局限于黄河流域的少数几个地点，而且工作很不深入。例如，仰韶文化或龙山文化，对它们的特征、分期、分布、时代等都不是很清楚。中华人民共和国成立以来，全国发现了大批新石器时代遗址，不少遗址已经试掘或正式发掘。已被命名的考古学文化有数十种之多，其中有些文化的内涵、分期、年代等都了解得比较清楚。^{14}C 测定年代的方法和其他自然科学手段应用于考古学，为建立比较可靠的史前时期的编年起到重要的作用，从而使这一时期的研究工作置于可靠依据的基础之上。在这种情况下，做一些基础性的研究，组织并推进一些重大的学术课题的研究，将有助于我们事业的发展。

在我国辽阔的国土上，迄今发现的新石器时代遗址有六千处之多。它们绝大多数是距今七千至四千年的遗存，就其文化面貌来说有诸多差异。这些差异与变化意味着什么呢？在已经命名的数十种考古学文化中，除了一部分可能存在前后承继的关系外，其他各种考古学文化溯其渊源又是什么关系呢？

过去有一种看法，认为黄河流域是中华民族的摇篮，我国的民族文化先从这里发展起来，然后向四处扩展；其他地区的文化比较落后，只是在它的影响下才得以发展。这种看法是不全面的。在历史上，黄河流域确曾起到重要的作用，特别是在文明时期，它常常居于主导地位。但是，在同一时期内，其他地区的古代文化也以各自的特点和途径在发展着。各地发现的考古材料越来越多地证明了这一点。同时，影响总是相互的，中原给各地以影响；各地也给中原以影响。在经历了几千年的发展之后，目前全国还有五十六个民族，在史前时期，部落和部族的数目一定更多。它们在各自活动的地域内为开发祖国，在同大自然的斗争中创造出丰富多彩的物质文化是可以理解的。

目前还有这样一种倾向：即把某种考古学文化与文献上的某个族人为地联系起来，把它说成是某某族的文化。从长远来说，进行这样一项工作可能是研究工作的一个方面；但在现在，在对各地的考古学文化的内涵、特征、与其他文化的关系以及上下的源流等的认识还很不充分，还不是具备做这种探索或考订的时候，似应先做些基础性的研究，积累起必要的原始素材，以备为进一步的研究工作打下牢固的基础。

为了进行考古学文化的区、系、类型的划分，各地同志应立足于本地区的考古工作，着力于把该地区的文化面貌及相互间的关系搞清楚。要选择若干处典型遗址进行科学的发掘，以获取可资分析的典型材料。然后，在准确划分文化类型的基础上，在较大的区域内以其文化内涵的异同归纳为若干文化系统。这里，区是块块，系是条条，类型则是分支。经过一段时间的努力之后，有关区、系、类型的课题必将会出现突破并取得重要成果。

二

迄至目前，我国已有二十四个省、市、自治区发现了旧石器时代的遗存。这说明，早在一万年前，我国很多地方已经适合于人类的生存、繁衍，因而留下了他们进行生产劳动的踪迹。到了新石器时代，人们活动的领域更加广阔了，他们在征服自然界，进行物质资料的生产方面跨出了重要的一步。假如我们拿这一时期的遗址分布图与今天的人口分布图加以对照，那么不难发现：我国今天的人口稠密区恰恰也是古遗址分布比较密集的地区。这种情况是耐人寻味的。

不过，人们所在活动地域的自然条件不同，获取生活资料的方法不同，他们的生活方式也应该是各有特色的。这样，表现在他们的产品，即我们今天接触到的生产工具、生活用器以至其他遗存所表现出的差异也就可以理解了。当时，人们以血缘为纽带，并强固地维系在氏族、部落之中。这样，不同的人们共同体所遗留的物质文化遗存有其独有的特征也是必然的。今天我们恰可根据这些物质文化面貌的特征去区分不同的文化类型，同时，通过文化类型的划分和文化内涵的深入了解以及它们之间相互关系的探索，以达到恢复历史原貌的目的。

由于各地区考古工作的发展很不平衡，要在今天对全国的考古学文化进行区、系、类型的详细划分，难度是相当大的。不过，假如我们以已公布的材料为依据，以典型的发掘材料为骨干，借助于调查试掘的材料，那么我们在目前的人口稠密地区内，依各地区文化内涵的差异和特点，它们的发展道路（阶段性和规律性）及其源流等方面，可以划分的区域当不下十块。这里，我们试对这些地区的文化面貌做一些简单的分析，跟同志们一起讨论。

（一）陕豫晋邻近地区

这个地区是历史进入文明时代以来我国的腹心地区，也是仰韶文化的主要分布区。这里工作做得较多，材料比较丰富，但问题也不少。不过，就我们所要讨论的这个问题而言，有些现象是很重要的。例如，丁村遗址中的出土物，与山西境内其他不同时期的旧石器时代遗存在文化面貌上有不少共同之处。有趣的是，丁村遗址（汾河西岸）中也有细石器，层位关系清楚，距今二万六千年以上，是迄今发现最早的细石器。它与沁水下川的细石器遗存，在文化面貌上也有连续性。尤其值得注意的是，无论是中条山北侧的西阴村，还是南侧的东庄村、西王村以及垣曲境内发现的仰韶文化遗存中，除其他特征有相似之处外，都含有细石器。这或可说明山上山下的文化之间具有承继关系，应在今后的工作中注意探寻。

至于仰韶文化，虽然武安磁山、新郑裴李岗或华县老官台都发现了距今七八千年的较早遗存，为探讨仰韶文化的起源提供了线索，可是迄今只有宝鸡北首岭遗址的下层遗存，从地层与器物两个方面提供了较直接的、可资讨论的资料。

众所周知，半坡类型与庙底沟类型文化都是各有特点并经历了很长一个阶段的古文化遗存。华县泉护村、元君庙和临潼姜寨等地的发掘，则进一步揭示了它们的内涵。在这两种类型的遗存中，都有小口尖底瓶（它们的形制各有特点）和彩绘的装饰花纹（主要是龟、鸟、花卉，多为黑彩）。它们各为该两类型的代表性器物，并在阶段性变化中因各具特征而可以排出序列来。但从北首岭下层到中、上层的材料中看到，这两种不同形制的小口瓶却是共生平行发展的。不过，在经历了一段时间之后，约在庙底沟类型的后期，两者又逐渐统一起来，而为另一种新的文化型所代替。

在豫北、冀南地区，被称为后冈类型和大司空村类型的两种遗存，也不排除与半坡、庙底沟类型文化发展过程中出现的类似情况。问题在于它们本身的发生、发展（分期）与相互关系等，都缺乏必要的材料可以说明。更不能因磁山、裴李岗在这一地区，就简单地把它们说成是这两种类型的前身，因为还缺乏如宝鸡北首岭那样的材料。

南阳—襄阳地区的仰韶文化遗存也有特色。典型器物中的罐形釜不饰绳纹；高颈小口瓶的变化与庙底沟类型相似，但自有特点；鼎、圈座自成序列；彩陶花纹中的阴阳三角纹、叶瓣纹也自成序列。镇平也发现了与裴李岗类似的早期遗存，可以推断该地区的古代文化有其源流，并经历了独特的发展过程。

（二）山东及邻省一部分地区

围绕泰山发现的被人们称为大汶口文化和龙山文化的遗存比较密集，这一地区也是我国一个重要的古文化中心。有一个时期，因为工作做得不多，认识不深，出现了孤立地对待这两种文化的情况。在两者的关系方面，概念也很含糊。就它们的范围来说，被不恰当地夸大了。近几年来新发现的材料，使我们对大汶口—龙山文化的认识逐步明确了。它们分布的范围基本上围绕着泰山，并且自成一个系统。

大汶河上游的新泰，曾经发现过旧石器地点。但是这方面的工作做得太少，所以对大汶口—龙山文化的起源还很不清楚。不过，兖州西桑园等地发现的新石器时代较早的遗存，为我们最终解决这个问题缩短了距离。特别是近年在大汶河北岸、兖州王因和滕县北辛这三个遗址的发掘，证明它们的遗存可以相互补充。北辛是类似磁山、裴李岗那样的单独存在的代表；王因遗址的下层则类似北首岭下层那样提供了两者间衔接关系的线索；而在大汶河北岸遗址则找到了王因—大汶口（专指已发表报告的河南岸遗址）两者间衔接关系的线索，这样，就可以把大汶口文化的上限推至距今七千余年。

我们从器物的形态上看到，北辛的典型器类如堆纹带腰釜跟王因等大汶口文化中的釜形鼎的发展序列互相衔接。这种鼎则一直延续到大汶口文化的后期，是大汶口文化中的代表性器物之一。北辛发现的三足杯，不仅与王因遗址的三足杯可以衔接，近年的工作成果还表明，大汶口文化中的三足杯和它后期出现的高脚杯，都与龙山文化中常见的黑蛋壳陶杯连接起来。至于鬶的变化，是从实足变为空足和袋足。在大汶口文化的中晚期，这三种器形曾共存过一段；后来，尤其到了龙山文化中，鬶的器形才变为空足和袋足两种。由于在几种器类上都能看到这样一些变化，因而使这两种文化之间本来很模糊的关系逐渐清楚了。不过，综合这一地区的文化遗存，可以看到两者的活动中心却并不完全一致。大汶口文化的分布以泰山为中心。龙山文化最初发现的蛋壳陶虽然是在历城的城子崖，但它的老家却在鲁东南的临沂、昌潍地区。

大汶口—龙山文化的特征十分突出。除了陶器以外，生产工具中以出土大量石铲而引人注目。这里出土的石铲从早到晚，由厚变薄，越做越精。

但是，山东境内的新石器时代遗存并非仅此一个系统。胶东半岛的古文化遗存就另有特色。虽然这一带的考古工作比较少，材料比较零散，但从半岛顶端的荣成到黄县的沿海一侧遗址中看到，农耕工具很少出土，陶器中筒式的夹砂陶使用类似铆钉状附件作把手，甚至到了铜器时代还保持了这种传统痕迹——在同类器上加有泥饼。假如把长岛的出土物与辽东半岛上旅顺郭家村和长海广鹿等地的出土物加以比较，可发现两者有很多相似之处。例如，在长岛缺乏农耕工具，而大量使用鲍鱼壳作工具，甚至打制或磨制的石刀，形制也与鲍鱼壳相近似。这种工具既利于切割，也便于刮削。此外，辽东半岛的两处遗址虽似缺乏用鲍鱼壳制作的工具，但是，却大量出有类似前者的石刀。这种情况，应与当时的生活方式有关。

不能低估这一地区的生产力发展水平。山东发现的商周青铜器地点，以胶东一带为最多。烟台地区十七个县市中，有十三个出有商周青铜器。不过，与偃师二里头、郑州二里冈相似的早商遗存却只在济南一带发现。这或可说明，山东及其邻近地区的古文化发展是经历了独特的道路的。

（三）湖北和邻近地区

这里的考古学文化以它们的特征和变化情况及分布地域大致可分为三块：汉水中游地区、鄂西地区、鄂东地区。

属汉水中游的南阳、襄阳地区的仰韶文化，上面曾经提到过，它们的特征是很突出的。这里是仰韶文化的边缘地区，处于长江与黄河两大流域的连接点上，是很值得重视的。

宜昌及其周围的地区，新石器时代文化的面貌也很有特色，并有其自己的渊源。命名为大溪文化的巫山大溪及县城下压的遗址就有时代较早的遗存，而宜都红花套、枝江关庙山等遗址所包含的不同时期的文化层，表明它们经历了很长时期并且自成系统。例如，盂簋类器、盘豆类器都具有高、低圈足两种；支座、圈座、器盖的形制富于变化；器物上压印有点、圆圈、方格等几何纹样，彩绘的绹索纹从早到晚自成系列。

鄂城周围的鄂东地区是尤为重要的一块。虽然过去在几个地点（京山屈家岭、黄冈螺蛳山、武昌放鹰台、天门石家河等）做过一些工作，但材料较少，本身分层分期有困难，它们的相互关系缺乏深入分析的条件。不过，如参照其他两个地区的材料也可以看出它曾经历过同它们大致类似的几个阶段，如富有特色的细泥薄胎光面陶杯、碗、高颈壶、彩绘纺轮等，器表的彩绘纹样中圆点和罗网纹的变化都有规律可循。

这三个区域的文化遗存既有区别又有联系。从物质遗存的比较研究中可以发现，一个区域与另外两个区域的相互影响、渗透比较清楚。距今约五千至四千年期间，鄂东这一块文化的发展，对其他两块的影响给人以深刻的印象。这里迄今出有商周青铜器地点和遗址，多在洞庭湖周围和古云梦泽的东侧（即在屈家岭文化分布区的东南侧）。无论是新石器时代的遗址还是商周时期的古文化遗址，在这里都相当集中。特别值得一提的是，近年在这一地区发掘了大量春秋时期楚墓所出随葬陶器组合中颇具特色的高颈壶与高脚“鼎－鬲”或称“楚式鬲”（在鬲的三个实脚外再附加柱状脚构成似鼎的鬲）。前者可以追溯到屈家岭文化，后者可以追溯到商周以前的同类器，说明这一地区文化源远流长。

（四）长江下游地区

过去对这一地区的历史发展状况认识不足。近十多年来的工作，使人们认识到这里也是我国重要的古文化中心之一。从这一地区古文化面貌的差异及其分布的情况来看，似可分为三个区域：宁镇地区，太湖地区，宁绍地区。当然，它们之间既有差别，也有联系。

（1）太湖地区的材料较多，对它的重要性认识也比较清楚。先后发掘的几批材料，揭示了这一地区独特的文化面貌和它们的变化情况。

对这一地区古文化遗存认识的过程与黄河流域下游的情况很相似。这里也是先认识时代较晚的良渚文化，后认识时代较早的马家浜文化。吴县草鞋山、张陵山等地提供的地层关系以及后来在桐乡罗家角的发掘，证明这里的早晚关系为马家浜文化—良渚文化—青铜文化，而且它们之间有很密切的关系。以溧水神仙洞为代表的洞穴堆积，为探索这一地区新石器时代早期遗存提供了线索。至于早到距今七千年前的，以及晚至四千余年的新石器时代文化面貌和它们的变化情况也粗知轮廓了。马家浜文化中的陶器自有其组合，如宽平檐腰带的釜，有类似腰带的鼎、豆、壶以及大穿孔石斧（钺），等等。中期阶段可以青浦崧泽遗址的主要遗存为代表，再后是良渚文化。

围绕太湖附近，古文化遗址的分布相当密集。它们在各个不同阶段中分布情况是否有规律，当然也需要考虑。我们注意到包括马家浜文化—良渚文化的多层堆积遗址集中分布在太湖东北侧，在太湖东南侧则良渚文化比较发达，位于太湖西南侧的浙江嘉兴地区则发现商周青铜器的地点较多，有的出在良渚文化—几何印纹陶遗址附近（多数出在几何印纹陶遗址附近）。这类遗址多是几何印纹硬陶与釉陶或原始瓷共生，青铜器具有当地铸造的特征，釉陶或原始瓷的特征更为明显。

（2）宁绍平原的早期遗存以余姚河姆渡下层为代表，时间与马家浜文化相当。它的文化特征明显，如陶器组合中缺乏鼎、豆，使用的炊器多为有子母口的圜底釜（有支垫），水器为带流的盉。这些器物都各有其变化的系列。生产工具也很有特色，如骨耜和小型的石凿、石锛等。马家浜文化中多见的大石斧钺，这里仅在后期出现。这种文化可能自有渊源。种种迹象表明，在稍后阶段，这里与太湖地区古文化的关系更加密切。这一地区也有良渚文化和几何印纹陶的遗存，而且越到后来，两者的关系也越密切。

（3）宁镇地区：南京北阴阳营遗址的出土物很有特色。陶器中有罐式鼎、带把鼎、盉、盂、盘、豆，等等，它们也自成组合。生产工具中的有肩石铲、有肩石斧、新月形石刀等与其他地方的同类器有明显的差异。虽然还没有发现比它更早的遗存，但当不排除有其自成系统的可能。在发展过程中也有类似崧泽那样的阶段。最近在安徽潜山薛家岗遗址发现了相当于北阴阳营这一阶段的遗存，特征也多相近，表明该文化类型的分布，西北部已到达今安徽省境。北阴阳营上层有几何印纹软陶、硬陶和釉陶，等等，突出的是还出有类似偃师二里头、郑州二里冈时期的陶鬲和镞、刀等小件青铜器。这或许跟它处于南北通道有关。类似这样一种现象在鄂中、湘西也能看到。

（五）以鄱阳湖—珠江三角洲为中轴的南方地区

这一地区从现在提供的情况看也可分为三块：

（1）赣北地区已知时代较早的有万年仙人洞遗址。它有上下两层堆积，典型器物的变化序列反映了这一地区新石器时代较早的两个阶段。它的特征主要是几何印纹陶的萌芽，下层只出单一的夹砂陶。时代当在距今七千年以前。

修水山背、清江筑卫城与吴城等地的遗存，在年代上不能与万年仙人洞遗址相衔接，但估计其间的差距是工作上的缺环，而不是实际上的空白，因为在这一地区的东、西、南三面都有距今七千至五千年间的遗存。筑卫城的几何印纹陶相当发达，一直晚至商周时代，陶器上盛行的印纹包括三类：①圆点、圆圈、重圆圈；②方格、菱形、回纹、重菱形、米字形纹；③平行曲折线纹和雷纹等。这三类花纹都有其变化的规律。几何印纹在距今五千至三千年间是最发达的阶段，以后或趋于简化，或立体化了。大约在距今四千年前后，这里也进入青铜时代。

（2）北江流域也有类似万年仙人洞下层的堆积，如在始兴玲珑岩发现了在胶结层中包含单一夹砂陶和打制石器的遗存。马坝石峡发现的稍晚的遗存，特征明显，有阶段性变化。工具中有肩、有段的锛、䦆、铲等自成系列；陶器组合上，盘形鼎、带盖豆、平底圈足或平底三足盘等都很有特色，并且自成系列。在石峡还能见到晚至商周时代的遗存，其中的青铜靴形斧尤为突出。

（3）珠江三角洲一带也有新石器时代较早的遗存，南海西樵山是一处很有希望的大遗址，可能包含旧石器时代晚期和新石器时代早晚不同时期的遗存。打制、琢制的石器大量存在，可惜缺乏进一步分析的条件。佛山河宕遗址的时代约与石峡相当，但没有看到时间较早的青铜器。可是汕头地区的饶平发现了相当于早商时代的铜戈、玉戈、石戈，还有釉陶尊。韶关地区和汕头地区出土的石戈，从最原始的无阑戈到有阑的戈，其发生发展的过程是中原所没有见到的。

（六）以长城地带为重心的北方地区

这里由东向西可分为：①以昭盟为中心的地区；②河套地区；③以陇东为中心的甘青宁地区。

在昭盟，历年来发现的两种新石器时代文化遗存与两种青铜文化遗存有交错存在的情况，使我们对这一地区的认识比较清楚了。这对了解我国北方地区的古文化面貌及其发展是一把钥匙。

红山文化与富河文化的交错地带在老哈河和西拉木伦河一带。这两种文化在这一带有早晚之分，但从分布来说，红山文化向西南延伸；富河文化则向东北方向延伸。虽然红山文化与仰韶文化有关，但各有渊源，不能混为一谈。它的较早阶段跟半坡、庙底沟类型的时间差不多；更早的遗存，在沈阳新乐等地的发现给我们提供了线索。但是，真正足以代表红山、富河两种新石器文化的早期或其原始阶段的遗址是什么样子，还有待今后的工作予以回答。

这里发现的两种青铜文化——夏家店下层文化与夏家店上层文化——也在赤峰附近交错。近期在赤峰附近的小河沿、石棚山这两个遗址的发掘，提供了红山文化后期可能与夏家店下层文化相衔接的线索。那么，富河文化是否也有可能与夏家店上层文化衔接呢？就这两种文化的分布范围和时间来说也不无可能。这只能留待今后工作中给予解决。比较清楚的是：敖汉旗大甸子遗址清理的大批夏家店下层文化墓葬，所用的彩绘陶器具有礼器的特征，彩绘的图案自成系列，表明这是该地区土生土长的一种文化。出土的青铜器标志这一文化已经进入青铜时代，而且物质文化的发展达到了较高的水平。这一文化实际所跨的时间要比目前 ^{14}C 测定的两个年代数据要长。

河套地区：巴盟、乌盟曾发现出有旧石器的地点多处，其中最重要的一处是位于呼和浩特市东郊的大窑村。这多处旧石器地点属旧石器时代的不同阶段。有一种龟背形刮削器，它的器形和加工方法有其特色。大窑村遗址土坡下属全新世的土层中出有细石器——石刀、柱状石核、刮削器、尖状器等，它们与新石器时代的细石器很相似。同当地黄土层底部角砾层的旧石器文化晚期遗存可能有渊源关系。这种堆积情况也同晋南地区的丁村汾河西岸相似。

新石器时代遗址发掘的不多。现已发现两种含彩陶的新石器时代遗址和两种不含彩陶的晚期新石器文化遗址邻近并有交错的现象。前者的代表性遗址，一在乌盟的清水河，出有花叶纹、鱼形纹彩陶和壶形口和双唇小口尖底瓶；一在乌盟的托克托，出方格网纹、锯齿纹彩陶，无小口尖底瓶。后者（两种不含彩陶的晚期新石器文化）的代表性遗址，一在伊克昭盟（今鄂尔多斯市）准格尔旗，典型陶器组合是鬲、盆、高领罐；一在伊盟（今鄂尔多斯市）的伊金霍洛旗，代表性的陶器组合是斝、鬲、豆、单耳罐、双耳罐等。

鬲的特征是在扁平錾着壁处加铆钉状小泥饼，还有铜锥同出。晚期还出有青铜刀和早期商式鬲共生。近年在晋西北、陕东北临近黄河的地带发现出商周青铜器的地点多处，大多有过去所谓“鄂尔多斯式”特征。这说明，该地区出现青铜器的时代也比较早。

对该地区的文化遗存虽然要注意它与中原同时期文化有类似的一面，但对其独特的一面应给予更多的重视，不能简单地把该地的文化理解为从中原传过去的。

以陇东为中心的甘青宁地区，近几年来有不少重要的发现。在秦安发现的典型堆积层次，表明这里有和宝鸡北首岭下层类似的较早遗存和包括仰韶文化不同时期的层次，而且看到了仰韶文化后期与马家窑文化衔接的线索。至于马家窑文化诸类型的关系，其细节还有不清楚的地方。应该看到：陇山（六盘山）东西两侧古文化的发展道路是有差异的。在东侧，继仰韶文化之后发展起来的是以客省庄二期为代表的新石器晚期文化。在西侧，继仰韶文化之后发展起来的则是马家窑文化和有关诸类型以及齐家文化的遗址。因此，在考虑陇山两侧古文化的渊源时，如果简单地归为同源显然并不妥当，应在积累更多的科学资料的基础上再予推定。这一地区青铜文化的类型更加复杂，详细情况这里不再叙述。但要指出的是，这里进入青铜时代的时间并不晚于商代。根据现有的线索，倒可以认为它是我国又一个较早发明青铜器的地区。

在对我国人口密集地区的古代文化的区、系、类型作了以上探讨之后，我们还应补充以下几点：

假如从昭盟地区看富河文化、夏家店上层文化的分布和影响，我们看到的线索是：它们向东北三省的西侧和内蒙古的东三盟方向延伸，北边可以到贝加尔湖地区。辽东辽西的文化面貌有接近之处，但区别也很大。在西边的甘青地区，沿河西走廊到新疆东部一带，古文化面貌也有很多相似之处，可以把这里出现的细石器和彩陶，看作是甘青地区古文化的延伸。近年在西藏的林芝、墨脱和昌都的卡若等地发现的遗存，它们的文化面貌各有特点，但又有与陇东一带古文化接近的因素。就文化关系来说，陇东地区与其东、西北、西南三面的文化都有关系，似处于三岔路口。至于河套地区（包括晋西北与陕东北沿黄河一带），如果从出土的青铜器看，它既有与中原青铜文化相似之处，也与西伯利亚的青铜文化（如斯基泰文化）有联系，它正处于南北的通道上。

在南方地区，有段石器的分布地域可以延伸到南太平洋、新西兰；而几何印纹陶的分布地域则遍及整个东南亚地区。有趣的是，如果我们把我国的版图分为面向内陆和面向海洋两部分的话，那么还可以看到这样一种情况：面向内陆的部分，多出彩陶和细石器，面向海洋的部分则主要是黑陶、几何印纹陶，有段和有肩石器的分布区域，民俗方面还有拔牙的习俗。当然，要强调指出的是，在这广大的地域内，古代劳动人民从很早的时候起就有着交往活动，越往后这种交往活动就越密切。这个问题在此不再详述。

在我们结束这篇文章时作这样一个说明或许是必要的：我们这里所作的有关新石器时代考古文化区、系、类型的探讨，只是基于现有资料所作的探索。说不上是对各地区工作成果的概括。何况我国的面积那么大，古文化面貌又那样丰富多彩，要在一篇不长的文章中把这样一个重大的课题阐述清楚，实在是件力不从心的难事。但是这个问题却很重要，既有理论意义，也有现实意义。我们认为这项工作还是大家来做。如果由于大家的协同努力，在不太远的时间内能在这方面出现新的突破的话，那么我们或可以说这篇短文起到了抛砖引玉的作用了。

（原载于《文物》1981 年第 5 期）

在中国考古学会第三次年会闭幕式上的讲话（提纲）

苏秉琦

这次年会讨论了两个专题：一，东南沿海地区新石器文化；二，青瓷与青瓷窑址。

以专题讨论的形式召开年会，是从上次年会讨论“楚文化问题”开始的。事实证明，这种形式的优点很多。有了课题，大家都围绕它来开展讨论，大家都“有的放矢”，这就有可能使问题讨论得更深入一些。

这次年会收到论文一百二十七篇。如果把《浙江省文物考古所学刊》发表的文章也包括进去的话，那就更多了。围绕这两个专题的文章约占半数，另一半是其他方面的。但不论是前者还是后者，都反映了全国范围内考古工作和研究取得了显著的成绩。虽然，这还只是一小部分成果，但我们可以看到，我国的考古工作和研究正在向纵深方向发展，而且发展的步伐正逐步加快。可以说，一派全面丰收、繁荣昌盛的喜人景象已展现在我们的眼前。

我初步涉猎了一些论文，听取了会议讨论，今天，仅就这届年会讨论的两个专题，谈一点个人的意见，和同志们一起商讨。

这次年会的第一项专题是东南沿海新石器文化问题。

1. 长江下游新石器文化

1977 年在南京开了个长江下游新石器文化的讨论会，算起来四年过去了。在这四年中，我们所取得的成绩是很显著的，这可以从这次会议的文章中反映出来。大家对一些问题的认识显然已更深、更细了。

把东南沿海地区新石器文化列为专题，这是因为面对海洋的这一带确实有它不少相同的因素。虽然，就这一地区的工作来说，很不平衡，还有缺环。但从以往看到的材料和线索，眉目或者说脉络还是清楚的。

当然，工作还是要一个地点一个地点地做，材料也是一点一点积累。我们对事物的认识，总是由个别到一般，先认识个性，再在认识个性的基础上去总结、概括出共性。我们的研究工作必须建立在科学发掘所取得的可靠材料的基础之上。只有这样，我们的论点才经得起时间的检验。

长江下游的江苏、浙江、安徽是这一地区的重心。这一地区有几批新材料是值得特别注意的：

——皖南潜山薛家岗发现的新石器晚期遗存；

——南京北阴阳营遗址第三、四两次发掘所分析出的四期遗存；

——南京昝庙遗址相当“湖熟文化”遗存叠压在良渚文化层上的层位关系；

——上海马桥遗址根据新发掘资料区分出的相当这一地区新石器末期文化层次，江苏吴县草鞋山遗址从包含丰富、堆积很厚的多文化层遗物区分出的“马家浜—崧泽—良渚”这一既有明显承袭关系，又阶段性清楚的典型地点。正是由于有这些新发现的资料作为依据，才提出“崧泽文化”这个新的概念、课题；

——在浙江杭嘉湖地区，桐乡罗家角遗址的新发现，结合该地区其他地点——如吴家埠、海宁等遗址、墓地的新资料和以往积累的资料，使我们比较清楚地认识到浙江北半部、杭州湾南北两侧两大平原——宁绍平原和杭嘉湖平原，两者既各具特征、互相区别，又关系密切。同时，正是以这一新的认识为基础，进一步把浙江南半部另区分出类似北半部的情况，可以把位于浙江西南部的“金衢”和南部的瓯江区分为两个文化系统。

概括起来，长江下游的南北两侧，江苏北部的洪泽湖周围、淮河下游地区与浙江南部地区，目前工作不多，材料较少，我们可以暂搁一下，等以后再谈。

现在，我们是否可以把注意力集中到大约从江西九江以下，长江下游的皖南、浙北、苏南、上海几省市邻境这一片的新石器文化，依据现有考古材料与初步整理研究的成果，试做一番综合考察，也许可以对我们下一步的工作或多或少起到互相配合、协同作战的作用。

1977 年南京会议讨论青莲岗文化这个课题的时候，曾经提出过这样一种论点：青莲岗文化可以分为江北、江南两个类型，而江南类型又可以把它区分为东西两部分。

现在情况不同了，田野考古的实践已经往前跨进了一大步。我们是否可以用如下的方式把我们现阶段对长江下游地区的新石器文化的认识加以表述：

——这一地区的新石器文化可以划分为四块：①皖南—宁镇地区；②自常州以下的苏南地区（过去称作苏松地区）；③浙江北部（杭嘉湖）地区；④浙江东北部（宁绍平原）地区。

——上述四块都各自具有明显的互相区别的文化特征。

——四块之间的关系互不相同，比较突出的一点是，皖南—宁镇地区同其余三块之间的关系比较松散，后三块之间关系比较紧密，而常州市圩墩遗址与桐乡罗家角遗址的材料对说明这一点则具有典型意义。

对上述认识试再举一些典型陶器加以补充说明。皖南—宁镇地区出土的炊器典型器类是鼎，而其余三块出土的炊器典型器类是釜。苏南地区的炊器典型器类陶釜有两种，各有它自己的发展序列（以吴县草鞋山遗址为代表）（图一）。苏南、浙北、浙东北三块的炊器典型器类都是陶釜，但就它们的成型方法又可分为四种，除其中一种可以名之为“原始型”外，其余三种

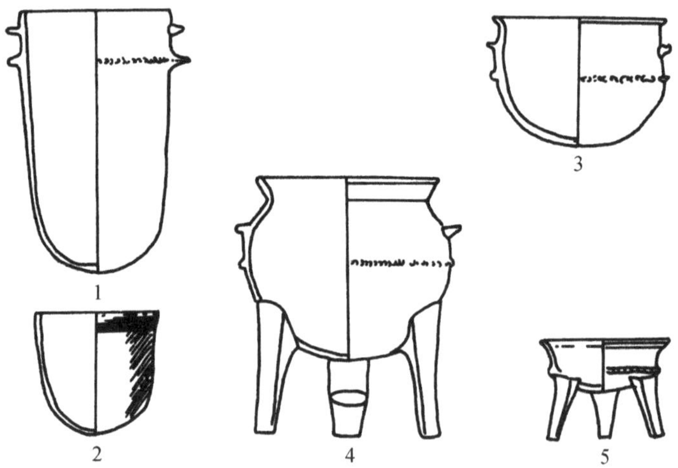

图一　两种釜及其发展趋势（草鞋山遗址出土）

1. 筒腹釜（草鞋山 8、9 层，马家浜文化） 2. 筒腹釜（草鞋山 6 层，崧泽文化） 3. 弧腹釜（草鞋山 8、9 层，马家浜文化） 4. 鼎（草鞋山 8、9 层，马家浜文化） 5. 鼎（草鞋山 6 层，崧泽文化）

应分属于三块，各自成完整的序列。因此，我们似乎可以给它们分别命名为“河姆渡型”（浙东北）、“马家浜－罗家角型”（浙北）和“圩墩－草鞋山型”（苏南）（图二）。

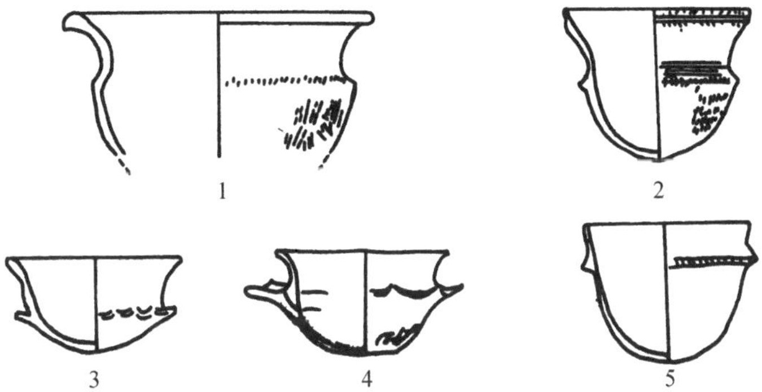

图二　从腰部结构划分的两种釜（罗家角遗址出土）

1. 原始型（腰部接茬，脊线加纹饰） 2. 河姆渡型（腰部接茬，脊状突起） 3、4. 马家浜－罗家角型（上下两部接茬如甑与釜结合） 5. 圩墩－草鞋山型（腰沿系在接茬部位，另加一周平带如箍）

考虑到这四个地区范围内考古工作、材料积累与初步探索成果都已具备一定条件，现在似乎可以对以下几个方面着手进行更深入一步的探索：

第一，在各自范围内，以多层次、内容丰富的重要遗址材料为基础，结合本地区范围内其他重要发掘地点材料进行综合编年和分期断代；

第二，在此基础上对本地区范围内进行文化特征、性质的分析，或大的文化发展阶段划分；

第三，在此基础上再同邻境地区每个比较确切的对应阶段对比，探讨它们之间的关系、影响及其相互作用，再次是本大区（片）同邻境其他大区（片）相互关系问题的探讨；

最后，但不是次要的，是在这一片的几个地区内，根据近年比较可靠的分期编年材料，我们可以看到这里相当我国新石器末期—青铜时代早期衔接点的苗头，亟望同志们多加注意，希望不久的将来能够取得突破性的进展。因为这是我们研究吴越古文化问题的关键所在。

2. 沿南海的广东、广西、闽南地区

这一带近年关于新石器时代的考古新成果比较突出的有两项：

（1）对广西桂林甑皮岩、广东始兴玲珑岩、江西万年仙人洞等洞穴堆积的再认识。

（2）对围绕着南海西樵山石器地点附近诸新石器时代遗址的调查发掘与对其文化的再认识。

在这一大片，从新石器早期到新石器—青铜器过渡期，不论是在它的哪一块适合这一时期人类生活的某个具体地区范围内，还缺乏类似长江下游地区几个块块内都已做过比较典型（具代表性的）遗址——指包括时间较长、堆积较厚、能分划出多层次、属于不同发展阶段而又具连贯性的遗址。

就目前所知情况而言，处于广东北江上游即韶关地区，从邻近江西的始兴平坝边缘的玲珑岩（含有相当新石器早期堆积层）及其河道冲积滩地包含文化层（属于约距今六七千年间的新石器文化）到韶关市南曲江县（今曲江区）石峡等遗址，是我国岭南地区探索新石器文化比较有把握的突破点。南海西樵山经过近年来调查试掘，发现许多处石器地点（包括大量打制、部分磨制，还有夹杂少量陶片的成层堆积），但严格说来，还没有发现一处真正的"遗址"。可喜的是，在珠江三角洲，以及邻海地带属贝丘类型的遗址已发现多处。我们期待那里的同行们能取得长江下游地区同行们所取得的成果。

3. 我国沿海地区北段的新石器文化

这一片包括北自辽宁半岛，南至江苏北部的淮水以北，以山东为重心的地区，可以试分为四块：

（1）以曲阜、兖州、邹县、滕县为重心的鲁西南包括苏北、淮北地区，其间可以从滕县北辛、兖州王因、泰安大汶口（包括大汶水南北两遗址），到曲阜西夏侯、泗水尹家城等典型遗址为代表。大约早自距今七千年到距今四千年，文化连续衔接，阶段性清楚，最早的阶段接近新石器早期，最晚的已到青铜时代初期，它的中间阶段能够按照我们现在常用的大汶口—龙山文化概念清楚地区分开。这一点正是这一地区新石器文化发展道路的重要特点。

（2）以山东胶州湾附近地区为中心的大致包括除胶东半岛以外的鲁东北大部地区。可以临沂大范庄、日照两城镇、东海峪、诸城呈子、前寨、潍坊姚官庄等典型遗址为代表，或者说，以现在潍坊地区的东半部近海条形地带为中心。这一地区新石器文化同前一地区（鲁西南）相比，从大汶口—龙山文化两者间前后连贯，一脉相承的传统格外清楚，两者间各自的文化特征以及演变过程的阶段性同样清楚。这些，正是它有别于鲁西南地区新石器文化的主要方面。

（3）以莱州湾沿海地区为中心的山东胶东半岛地区。以最近二三年间在烟台市白石村、福山县邱家庄、牟平县（今烟台市牟平区）照格庄、长岛县大黑山岛等遗址所取得的材料看，最早的一期可以从白石村下层（一期）为代表，约当距今六七千年。最晚的一期可以照格庄为代表。它的主要成序列陶器种类有鼎、乳钉状（或麻菇状）把手筒形釜等，明显地区别于山东其他大部地区，可以称之为“大汶口—龙山文化”的系统。

（4）辽宁辽东半岛地区，以半岛东侧新发掘的旅顺郭家村、长海县几处遗址为代表，同山东胶东半岛的莱州湾一带文化特征面貌接近而有别于辽宁其他地区。从它所出的生产工具种类、特征看，明显地反映出两地在经济生活上的相似，从而说明两地区在民族文化传统上的渊源及其密切关系。

这一地区正式考古发掘工作还是几年以来的事情。值得我们特别重视的是，那里相当于距今约四千年这一阶段的材料，我们曾把它暂称作“东岳石类型”，分布点比较密集，虽然这类遗物在苏北赣榆县在 20 世纪 50 年代就已经发现过，但它的分布中心可能是在胶东一带。这对探索山东地区青铜时代早期文化应是一个重要线索。

在第一组——大组会上同志们对考古学这门学科的方法、理论问题展开了热烈讨论，说明我们这门学科的发展，如果不从这方面深入一步就将妨碍整个学科水平的提高，它的重要性同我们在这次年会上对提高考古田野工作水平的呼吁是一样的。如果没有科学的方法，考古学将不成其为科学。其他社会科学莫不如此。

这次年会的第二项专题是“青瓷与青瓷窑址”，这题目自身就说明了这个专题的二重性。它既是陶瓷史的，又是考古学的。这组论文中大部分是关于陶瓷史方面的，关于陶瓷窑址方面的还不多。但这次大规模发掘龙泉窑址，可以说是我国考古学中一个新的学科分支“陶瓷窑考古”的崛兴。它同上届年会曾报告过的湖北大冶铜绿山矿冶遗址的发掘与初步研究成果一样，是我国考古学一个新生学科分支的兴起。两者都有一个良好的开端。当我们看到当前不少发掘工作做得很不理想而为之惋惜的时候，也不要低估我们在这些方面取得的重大成果。所以，在我们听到浙江省的同行准备用更长的时间，对整个龙窑地区更有计划、更大规模地进行考古发掘的设想时，我感到由衷的高兴和鼓舞。

在本届年会就要结束的时刻，让我们预祝下届年会时取得更大的成果。

1981 年 12 月 13 日

（原载于《中国考古学会通讯》第三期，后收入《苏秉琦考古学论述选集》，文物出版社，1984 年）

中国考古学从初创到开拓
——一个考古老兵的自我回顾

苏秉琦

中国考古学已有60多年的历史。我参加考古工作已过半个世纪。记得在我参加工作之初，就有人提出过中国科学或中国考古学的黄金时代一说；现在又有人提出此说。我这老兵算是欣逢盛世的幸运者了。

对于黄金时代一说，60年前一位老一辈学者曾提出过另一种看法。他说：与其说是黄金时代，不如说是黄金地带更符合实际。当时，在西方学者中，有一阵“中国热”，他们从各自的学术观点看，中国遍地是黄金。这是可以理解的。但当时中国的科学事业还处在草创时期，所以，事实上还谈不上什么黄金时代。

讲到现在是中国考古学的黄金时代，又不能不引起我的反思。如果专就我国近年接连不断的重大考古发现而言，提出这种看法是可以理解的。但考古是一门科学，发现（包括一些重大发现）仅仅是它的一个环节，它能给我们以启发，却不允许我们满足于现状。如何解释这些发现，或者说用什么样的理论、方法来指导我们正确地解释这些发现，才是最重要的。

我愿借此机会，以一个老兵的身份，回顾我们走过的足迹。这或许有助于我们明确今后努力的方向。

五四运动时期，我国学术界开始提倡科学与民主；另一方面，国家正处在危急存亡的关头。近代中国考古学正是在这“风雨如晦、鸡鸣不已”的时刻呱呱坠地的。在这种特定的历史条件下产生的中国考古学，注定有先天不足的一面；但同时也有大不寻常之处。比如：①它对我国古老的金石学的继承，使之发展为多种专门的学科，如古器物学、古文字学、古文献学、古钱币学，等等；②如果对中国考古学的早期代表人物（当然包括他们的成果）一一考察，可以发现，他们几乎都有一部传奇式的经历，后人都可以从中得到某些有益的启示，甚至可以作为他们著书立说的出发点；③需要特别指出的是，把马克思主义观点应用于中国考古学研究，几乎是和中国考古事业同步兴起的。一言以蔽之，近代中国考古学从它的初创时期起就具有鲜明的中国特色，具有它自己的学科体系。

中华人民共和国的成立，标志着中国考古学从初创到了开拓发展时期。它无疑是前一时期的延续和发展，但又有质的不同。

老一辈先进学者的尝试，苏联同行学者创造的模式（包括莫斯科大学考古专业的课程教材、教学大纲），马列和毛泽东的哲学著作，都给我们以很大的启发。记得在 1955 ~ 1956 学年度，北京大学考古专业同学对教学提出不少意见。我意识到，他们不仅是对教学不满，更是对中国考古学界的现状不满。1958 年，我曾邀请尹达同志来校给考古专业师生作报告。在这次报告中，他提出“建立马克思主义中国考古学体系”这个响亮的口号，大家很受鼓舞。党组织把它具体化到教学实践，发动师生编写贯穿马克思主义红线的考古学教材，为中华人民共和国成立十周年献礼。师生们日夜加工，礼是献了，成果也拿去展览了，但到头来，在社会发展史的概念和辞藻下，考古学的具体研究还仍然是干巴巴的空壳。如果说多了一点什么“体系”模样的框架，实质上只是属于文化史的性质，后来还是被废弃不用。徘徊了十年，兜了一个大圈子，似乎又回到原地踏步。但古人说，失败是成功之母。实践教育了大家，发热的头脑开始降温。我意识到，对辩证唯物论与历史唯物论的方法需要作深层的理解。马克思主义哲学并不能直接回答研究中国考古学的方法论问题。辩证唯物论和历史唯物论虽然都是认识论，但作用却有很大的不同；历史唯物论和历史科学的各专门学科理论也不属于同一层次。还是列宁说得好，具体问题要具体分析。近代考古学不同于旧金石学的一点是，它的研究对象首先是田野考古发现的一个个具体单位，而不是一件件文物。

1959 届北京大学考古专业学生在陕西华县的实习收获，至少对我自己来说，在认识上是个转折点。华县泉护村遗址的发掘面积为 7000 ~ 8000 平方米。我们先以一个探方的器物层位关系作基础而进行类型学的比较分析，反复排比，最后选出 4 类 8 种陶器进行综合的层位、类型学的排列分析，得出了它们的整体排列、共生序列。这种整理研究的方法，应该说，就是在唯物辩证法指导下形成的考古学的具体研究方法；而通过这批材料的整理研究所得出的有关仰韶文化整体面貌的认识，就是运用这种考古学的具体方法得到的。元君庙仰韶墓地的材料处理及其认识上的收获，也是如此办理而得到的。

由此，又可悟出一个道理，研究一个遗址如此，研究一个考古学文化的整体是否可以照此同样办理呢？从这样一个在方法论上取得的又一次突破开始，对一个考古学文化（仰韶文化）得到比较系统的认识，大约经历了十几年。这样一些认识，也就是我后来提出的区系类型理论的最初发想。中国考古学中区系类型理论的起步，实在是非常艰难的。

从对仰韶文化本身谱系的探索到中国文化起源问题的探索，是我们继续思考的问题。我感到，还是应该从宏观角度，应用区系类型理论，对中国文化的总体系问题从田野工作和理论分析两方面来进行探索。把中国文化说成是自成一系的，是相对于世界其他几大系历史文化而言的。考古发现愈来愈使人们看到，我国境内各考古学文化的渊源、特征与发展道路差异很大，大体上可分为六大文化区系。它们是：①以燕山南北、长城地带为中心的北方；②以山东为中心的东方；③以关中（陕西）、晋南、豫西为中心的中原；④以环太湖为中心的东南部；⑤以环洞庭湖与四川盆地为中心的西南部；⑥以鄱阳湖—珠江三角洲一线为中轴的南方。这六大区系内，还可以划分出不同的地方类型。区系类型理论的提出，可以更深一层地看到中国古文化的特点，对考古实践是有指导意义的。这一理论又实际是在全国考古工作者的共同努力下，我做了概括而提出来的，所以是一项集体的成果。它从具体的感受上升到比较系统的理论认识，大约经历了十年时间（1965 ~ 1975 年）。1975 年 8 月，我曾给吉林大学考古专业的同学讲过我的这一构思。

中国考古学的研究发展到这一阶段之后，就找到了在具体材料中分析、概括出社会历史特点或规律的桥梁，马克思主义与中国考古学的结合，不再是一句空洞的口号；同时，也明确了自身的社会目的，就是要同我国社会主义现代化建设这个伟大的事业相结合。1975 年，胡绳同志曾做过一次关于中国科学院哲学社会科学学部（中国社会科学院前身）的形势与任务的长篇报告。他特别强调要有志气在许多学科建立自己的学派，要有中国民族气派、风格，要重视方法论的建立。他谈的是许多学科的共同任务，但对中国考古学科的发展方向和目标来说，也是非常适用，而且是非常及时的。

从那时起（1975 年）到现在的十余年间，中国考古学研究发生的巨大变化正是沿着这一方向、目标而开拓前进的。对于区系类型理论来说，这是一个从理论到实践的过程，又是在实践中不断提高的过程。其中心内容有二：一是按照区系理论的观点，有选择地在各大区系范围内开展重点发掘工作。比如：辽宁东部的东沟县（今东港市）后洼、西部的喀左县东山嘴和建平县牛河梁，内蒙古昭盟（今赤峰市）敖汉旗的大甸子，河北蔚县西合营，晋中太谷白燕、晋南襄汾陶寺、夏县东下冯，山东烟台长岛北庄，陕西关中临潼姜寨，甘肃东部秦安大地湾，江苏吴县草鞋山、常州寺墩和圩墩，上海青浦福泉山，浙江余姚河姆渡、余杭吴家埠、反山、瑶山，湖北枝江关庙山，广东曲江石峡等重点遗址，都进行了多年的工作。二是围绕各大区系内部、外部和不同考古学文化之间的相互影响、相互作用、相互补充等关系问题进行的专题研究与横向的专题学术交流活动。比如：1982 年在河北蔚县，1983 年在辽宁喀左、朝阳，1984 年在内蒙古呼和浩特，1985 年在辽宁兴城、山西侯马，以及 1986 年在兰州、秦安召开的关于北方地区专题考古系列座谈会；1986 年在杭州召开的纪念良渚遗址发掘 50 周年纪念会（讨论 1985 年在嘉兴召开的太湖流域古文化会议上提出的课题）和 1987 年在四川成都、广汉召开的讨论会（讨论 1984 年成都会议提出的成都、广汉两处遗址的古文化问题），等等。上述两方面的活动都是为了完成一个大型的系统工程，其最终目的是阐明把十亿中国人民凝聚到一起的中国文化体系的基础结构及其形成的过程，是为了认识中华、振兴中华、加强全国各族人民的团结做出贡献。

在这十余年中，我国广大考古工作者的集体科学实践活动已经发展到一个更高的层次，这就是：从宏观的角度，应用具体事物具体分析的方法，重新提出中国文明起源的问题，其目的是试图从考古遗迹、遗物中寻找“破密”的钥匙，解开中国文化传统（指在历史上长期起着积极作用的诸因素）

是如何从星星之火扩为燎原之势，从涓涓细流汇成大江长河这个千古之谜。近年来众多的引人注目的考古新发现，既是在这一课题研究的指导下取得的成果，又使这一课题研究不断深化。比如：辽西古文化古城古国的研究，四川广汉古城的研究，以及浙江余杭良渚文化反山、瑶山大型墓地（太湖流域古文化古城古国）的研究等，都使我们认识到，这些不同地区的文化都特征明确，水平提高，源远流长，是中国文明的火花；而正是这些文明火花的迸发、传递，最后连成一片，最终成为炫人眼目的熊熊烈焰。中国文明之所以独具特色，丰富多彩，连绵不断；中华民族之所以能够形成一个统一的多民族的国家并在数千年来始终屹立在世界的东方，都与中国文明起源的多源、多样性有密切的关系。所以，研究中国文明的起源，对于中国，对于世界，也都是一项伟大的系统工程。尽管工作量很大，研究者也多有不同的角度和方法，但这一工作的前景，可以说，我们现在已经能预料到了。

今天，我国的考古事业，已不再是少数人的专业，也不再是人自为战了。考古事业是人民的事业，只有面向人民大众，才会有无穷的生命力。同时，考古事业的大众化，更需要我们在马克思主义理论指导下向更高的层次开拓前进。考古事业大众化的一个重要标志，就是考古学应当面向今天，为振兴中华做出贡献。这是时代向我们提出的任务，也是考古学研究的最终目的。

（原载于《瞭望》1987年第40期。后转载于《中国文物报》1988年4月15日第3版，转载时作者又做了部分改动，并加上了副标题）

重建中国古史的远古时代

——《中国通史》第二卷序言

苏秉琦

正像达尔文发现有机界的发展规律一样。马克思发现了人类历史的发展规律。

——恩格斯在马克思墓前的讲话，1883 年 3 月 17 日

一

本卷是多卷本《中国通史》的有机组成部分，要求它从考古资料探索有文字记载以前的原始社会的状况。上起人类的原始，下与夏商周对接，涉及中国史前考古学及其相关学科研究对象的各方面，理论与实践相结合的诸课题。

近代考古学从 19 世纪后半算起，迄今不过一百几十年；我国近代考古学的兴起，刚半个多世纪。重建中国古史的远古时代是当代考古学者的重大使命。记得 20 世纪初有的学者曾发出过要为恩格斯《家庭、私有制和国家的起源》一书写续篇的豪言壮语，使后学很受鼓舞。说实在的，按照当时的主客观条件，学科刚刚起步，缺乏资料的积累，要实现这一宏大的理想原是不现实的。现在不同了，我国考古学和相关的学科都已有了很大的发展，已经有用马克思主义指导研究史前考古和原始社会历史的一批成果，积累了一些经验。相信不需要多久，将会有人以马克思主义理论家的智慧和勇气，来弥补恩格斯在《家庭、私有制和国家的起源》一书末尾所

感到的遗憾[①]，真正完成一部中国的续篇！作者希望本书能够成为实现这一理想的一块铺路石。

二

中国的远古历史涉及两个重大的理论问题，一是从猿到人，二是从氏族到国家。二者虽都是世界范围的课题，但都与中国远古历史密切相关。

自从 1859 年达尔文发表《物种起源》，明确提出人是从猿进化而来的，打破了上帝造人的神话；1884 年，恩格斯发表《劳动在从猿到人转变过程中的作用》，科学地论证了猿之所以能变成人的根本机制。从那以后，古人类学获得了长足的进展，其中包括中国境内一系列人类化石的发现及其研究成果。

1929 年在北京周口店第一地点发现了著名的北京猿人。魏敦瑞在仔细地研究了大量北京猿人的化石后指出，其体质特征至少有 12 项与蒙古人种有联系，铲形门齿就是最显著的一项。现在中国境内发现的人类化石，无论是比北京猿人更早的元谋猿人（距今约 175 万年）和蓝田猿人，还是大体同时乃至更晚的早期智人与晚期智人化石，无一例外都是铲形门齿。在新石器时代和现代中国人的标本中，铲形门齿占有极高的比率，高于其他任何种族。其他许多体征也有类似的现象。吴汝康在概括地比较了这些特征上的相似性以后写道：

> 上述这些在现代蒙古人种中出现率特高的性状，在中国发现的直立人直到晚期智人中都经常出现。显示它们与黄种人和现代中国人之间存在着连续性，有着亲缘上的继承关系。自然，在这漫长的人类发展过程中，必然也与其邻近地区不断有基因的交流[②]。

---

① 恩格斯写道："我最初打算引用散见于沙尔·傅立叶著作中的对文明时代的卓越批判，同摩尔根和我自己对文明时代的批判并列，可惜我没有时间来做这个工作了。"《马克思恩格斯选集》第四卷，人民出版社，1972 年，第 174 页注释。

② 吴汝康：《古人类学》，文物出版社，1989 年，第 206 页。

所谓发展的连续性或亲缘的继承关系，换一个说法就是中国和邻近地区在人类发展史上存在着一个独特的体系，不像是从其他地方的某种远古人类派生出来的。这一体系能不能再往前追溯呢？人们注意到在印度、巴基斯坦和我国云南发现过一种较接近人类的腊玛古猿，但欧洲西南部和东非也发现过。最近云南又发现禄丰古猿，吴汝康认为它“可能是接近于非洲大猿和人科成员的共同祖先的类型”。既然中国存在着接近于人类的古猿化石，又有很早的直立人化石发现，以后的发展更是自成体系，可见中国在人类起源及其发展的问题的研究方面则处于十分重要的地位，只是要彻底究明这个问题还需要做许多工作罢了。

有了人类，就开始有了人类的文化。正如中国的远古人类化石有其自成体系的特征，而且表现得更为鲜明一些。为纪念北京猿人发现六十周年而编的一部综合性著作《中国远古人类》的前言中有如下的一段话：

> 多年积累的旧石器材料，已使我们认识到，虽然在不同时期存在反映区域特点的文化，但以向背面加工的小石器为主的组群，分布于我国南北方的各个文化发展阶段，成为我国颇具特色的旧石器文化发展的主体，使华北是否存在两个平行发展的文化传统、我国南北方旧石器文化的异同的趋势等问题的讨论成为可能①。

这些话很好地表述了中国六十余年来旧石器时代考古的主要成果。一是中国旧石器文化发展的基本特征是“以向背面加工的小石器为主的组群”，二是“华北地区两个平行发展的文化传统”现象，表明中国旧石器文化传统问题的研究与古人类化石传统问题的研究相互照应。这是一个良好的开端，并且为今后的研究打下了一个扎实的基础。

中国旧石器时代的人类化石和物质文化的发展，既有明显的阶段性，又有不平衡的现象。拿人类化石来说，从早到晚，属直立人的有元谋人、蓝田人、北京人、和县人、郧县人、郧西人等，属早期智人的有马坝人、大荔人、长阳人、许家窑人、丁村人等，属晚期智人的有柳江人、资阳人、山顶

① 吴汝康、吴新智、张森水：《中国远古人类》，科学出版社，1989年。

洞人、河套人等。可以说我国人类化石代表了人类体质发展的所有阶段和全过程，而且还有一些过渡形态。辽宁营口金牛山人的地质年代应为更新世中期，此时一段是直立人生活的年代，而金牛山人虽有一些直立人特征，大部分却与早期智人相像，应是体质特征进化最快的一个代表。

中国的旧石器文化大体可分早中晚三期，分别与直立人、早期智人和晚期智人相照应，但各地发展道路有所不同。华北的所谓周口店第一地点——峙峪系面，是出现小石器最早的。辽宁海城小孤山有很好的骨器，其中有带鼻的骨针，与北京山顶洞人的骨针媲美，而年代却比山顶洞早许多，说明当时文化的发展是不平衡的。

旧石器时代的人类生产力水平低下，活动范围有限。但由于时间长，有些文化因素也可以在不知不觉中传播到很远的地方。例如，四川一般不出细石器，而那里的富林文化却有大量北方风格的细石器，这显然是文化传播的结果。由于中国东北的旧石器文化有时表现得比较先进（如金牛山人和小孤山文化），对周围的影响自然会比较大些，例如朝鲜和日本的旧石器文化就曾受到中国东北旧石器文化的影响，甚至有人类迁移过去。

三

中国的新石器文化是从中国的旧石器文化发展而来的。如果说中国旧石器文化富有特色，自成体系，那么中国新石器文化也是这样，只不过内容更加丰富，谱系更加繁复罢了。

整个新石器时代及以后的铜石并用时代的历史，都涉及前述的第二个重大理论问题，即在中国境内是如何从氏族发展到国家的。在此我们想从四个方面略述当前的研究成果，即农业的发生与发展，社会的分工与分化，区系的组合与重组，以及历史的传说与真实，它们也是本卷有关章节的梗概。

农业的发生是人类历史上划时代的重大事件，当然也是中国历史上的重大事件。在全世界少数几个农业起源中心中，中国独居其上。中国的农业以精耕细作为其特色，这在远古时代便已露其端倪。

我国古籍中有不少关于农业起源的传说，有的说是神农发明了农业，有的说是烈山氏（或厉山氏）或炎帝之子名柱的发明了农业，周人相信是他们的祖先弃发明了农业，《史记 · 五帝本纪》则说黄帝“时播百谷草木，淳化鸟兽虫蛾”。看来黄帝又成了农业的发明者。说法虽不一致，总之都是中国人自己的祖先发明了农业，而不是从外界学习来的。

研究栽培作物起源的先驱德康多尔和瓦维洛夫都认为中国北方是粟和黍的起源地，何炳棣更系统地论证了中原是粟、黍等旱地作物起源的核心地区。近年来的一系列考古发现证明这些学者是很有见地的。

大约在公元前 6500 ~ 前 5000 年，中国北方已出现一系列发达的新石器文化，其中有不少遗址发现了栽培谷物的遗存，如河北武安磁山遗址有许多窖穴中发现粮食朽炭，经灰象鉴定是粟；河南新郑裴李岗、辽宁沈阳新乐和甘肃秦安大地湾都发现了炭化的黍，后一处还发现了油菜籽。这些遗址所属的新石器文化，都有比较发达的农业工具，其中又以磁山文化所在的中原地区最为发达。由此可见，中国北方农业的起源还可以追溯到更早的年代，而中原应是旱地农业起源的核心地区。

广义的中原大体相当于黄河中下游，这里属暖温带半干旱季风气候，年雨量 500 ~ 800 毫米，集中于夏季高温的七八月份。春秋冬三季都很干旱，且冬季严寒，一月平均气温比地球上同纬度的其他地区低 10℃以上。这个地区普遍存在的黄土持水和保肥能力都比较低，但有较好的毛细作用。这两个条件制约了农业。起源过程中选择驯化作物品种的方向，即对肥水要求不高，在幼苗期特别能耐旱而在速生期需要高温多雨的作物。粟和黍正是符合这些条件的作物，它们在中原又有大量的野生祖本。在当地史前文化发展到一定阶段时，人们自然选择了这两种作物进行培植。而且在整个史前时期，二者都是华北地区的主要农作物。

许多人认为中国南方应是稻作农业起源地之一，但具体范围说法不一。有的主张起源于南岭以南的两广地区，有的主张起源于云南和中南半岛北部山地或云南—阿萨姆地区，有的则主张起源于长江中下游，越来越多的考古发现证明最后一种说法是最接近历史实际的。

近年来在长江中游发现了一系列大约相当于新石器时代中期的遗址，分别称为城背溪文化和彭头山文化，其年代约当公元前 7000 ~ 前 5000 年。在这两个文化的遗址中，已不止一次地发现了稻谷遗存，有的是用稻壳掺在泥土中抹墙壁，有的是用稻壳碎末掺在泥土中做陶器。往后在长江中游的大溪文化和长江下游的河姆渡文化与马家浜文化中，这种做法更为普遍，已成为当地的一种文化传统。同属于长江水系的陕西汉中盆地亦发现有较早的稻谷遗存，分别出于西乡李家村和何家湾遗址，属老官台文化，年代约为公元前 6000 ~ 前 5000 年。所有这些稻谷遗存的年代都远远早于中国其他地区发现的稻谷遗存，也早于一般认为可能是稻作农业发源地的印度恒河流域和东南亚山地所发现的稻谷遗存，所以长江中下游应是稻作农业起源的一个重要的中心。

稻米有两个基本亚种，一个是籼稻，或称印度稻；一个是粳稻，或称日本稻。现已查明粳稻起源于中国，日本的稻谷是从中国传播过去的，所以有的学者建议将日本稻改称为中国稻。一般认为，粳稻是从籼稻演化出来的，而籼稻的野生祖本是普通野生稻。我国普通野生稻最集中的分布区在广东、广西和海南岛，长江流域只发现少数几处。为什么长江中下游在稻作农业的起源和早期发展中的地位反而比华南重要得多呢？因为华南大部分处于北回归线以南，气候炎热，几乎全年无冬，雨量充足，天然食物资源十分丰富。尽管野生稻到处都有，但因为收获和加工都很麻烦，比起其他食物来也不见得特别好吃，所以人们不一定采集它。即使发现了它的食用价值，因为到处都可以采集到，就不一定考虑进行人工栽培。即使偶尔种植了一些，也没有迫切地需要把它发展成一种继续不断的稻作农业。长江流域就不同了，那里有较长而寒冷的冬天，迫切需要有能够长期储藏以备冬天之需的食物。人们一旦发现野生稻的农用价值和能够长期储藏的优点，自然会加意培植并设法扩大再生产。何况长江流域史前文化比较发达，人口较多而野生稻资源又少，就更有进行人工栽培的必要性和迫切性。这可以解释为什么恰巧在长江中下游发现最古老和最发达的稻谷遗存而不是在别的地方，从而为稻作农业起源于长江中下游找到了事实的根据和理论上的说明。

由于在我国有两个而不是一个农业起源中心，往后的发展又都各具特色，从而在史前时期就形成了南北两大农业经济文化区和两种农业体系。

以中原地区为核心的华北旱地农业经济文化区一直是以粟作农业为主的，那里首先培育了粟和黍，可能还有大豆，园艺菜蔬有油菜、芥菜或白菜，经济作物有大麻等。养畜业是以与农业紧密结合的形式出现的。先后饲养的家畜有猪、狗、黄牛、山羊、绵羊、猫等，家禽有鸡。以猪的数量为最多，其他几类都很少。本区的农具主要有翻地的石铲，收割用的镰和爪镰以及谷物加工用的石磨盘和石磨棒。

本区农业大体经历了以下几个阶段：

（1）磁山文化时期：已有一系列农村，但规模较小；种植谷物有粟和黍，饲养家畜家禽有猪、狗、鸡；翻地用农具主要是舌形石铲，收割用农具主要是石镰，其中不少是有齿石镰；谷物加工工具主要是大型石磨盘和石磨棒，磁山文化中有乳状足的鞋底形石磨盘，是这个阶段的代表性器物。

（2）仰韶文化时期：农业村落遗址显著增多，规模扩大。种植谷物除粟、黍外，还从南方引进了水稻。饲养家畜中增加了少量绵羊、山羊和黄牛。翻地用农具仍是石铲，但形态明显地复杂化了，有舌形、心形、梯形、双肩形和鞋底形等，后者主要分布于燕山及其以北的红山文化范围内，有人称之为耜或犁。收割用农具大量增加，但形态已变为两侧带缺口的或长方形的爪镰。石磨盘和石磨棒显著减少，且个体变小，也许这时随稻谷的引进而将加工稻谷的杵臼同时引入华北，部分地代替了磨盘和磨棒的功能。

（3）龙山文化时期：此时作物种类和家畜品种虽无多大变化，农具却有明显的进步。翻地农具已规范化为梯形或有肩石铲，后者实为商代青铜铲的祖型。收割用农具主要是石质或蚌质的镰和爪镰，且全为磨制，质量较差的陶质或打制石爪镰都被淘汰了。用 ^{13}C 方法测定古代人的食谱，得知仰韶文化时期粟、黍类食物只占 50%，龙山文化时期则为 70%，说明此时粟作农业得到了进一步的发展。

以长江中下游为核心的华中、华南水田农业经济文化区一直以稻作农业为主，后来从北方引种了部分旱地作物（多在缺水的丘陵地区）。这个地区的家畜家禽主要是猪、狗、水牛和鸡，后来又从北方引进了羊。农具中多骨铲或石铲（或臼锹），用以平整水田，后来出现了石犁和破土器等。由于稻谷可直接用手采集，故收割农具不发达。加工粮食则主要用杵和臼。

本区农业也经历了类似华北农业发展的几个阶段：

（1）彭头山文化—河姆渡文化时期：农村多在河湖边或沼泽地，种稻，养猪、狗和水牛。用骨铲整治水田，很少见收割用农具，加工粮食用杵臼。

（2）大溪文化—马家浜文化时期：农村遗址显著增加，规模扩大。许多地方已用石铲代替骨铲整治田地。

（3）石家河文化—良渚文化时期：农业有较大发展，除种稻外，有的地方从北方引种了粟、黍等旱地作物作为补充。已会养蚕缫丝织绸，家畜中大约从北方引来了羊。农具因地区不同而有较大差异，江浙良渚文化中出现了三角形石犁。广东石峡文化则有石镬和石铲等，收割用农具中出现了少量石镰和爪镰。

以上两大农业区的两种农业体系并不是彼此孤立，而是互相影响乃至在发展过程中发生互动等复杂情况。这样一种既有区别又有联系的农业格局，一直影响到整个历史时期，并且对邻近国家的农业产生了深远的影响。

四

生产力的发展，表现为如下两个方面：其一，出现新的劳动领域，扩大了劳动门类或职业的范围；其二，更新技术，提高效益，生产纵深发展。两者彼此联系，结果是出现和发展了社会劳动分工及其日益专业化。

本卷涉及的时代中的农业技术的更新和家务劳动范围的扩大，最终导致男子占据了农业生产领域，妇女成了基本上司家务的劳动力。这是一个渐变而又复杂的过程。约在公元前 4000 年前期大汶口文化刘林期的大墩子墓地见到的情况，表明这一过程已步入质变阶段。这里的男性墓才用镞、鱼镖一类渔猎工具随葬，纺轮基本上只见于妇女墓葬中；妇女也用斧、锛随葬，但比例上却少于男子，同时，铲、凿只见于男性墓，而且，仅在男性墓中才见到斧、锛、凿这样成套的石质工具。M4 和 M32 两座成年男性墓，在随葬斧、锛、凿的同时，还随葬了碎石片、牙料及较多的骨、牙制品，形象地说明死者生前是手工业匠人。至公元前 3000 年后半期齐家文化的柳湾墓地，石刀、石斧、石锛、石凿及石钻和纺轮，分别成了男、女各自的专用随葬品。手工业匠人从最初只在男子中出现，就规定了手工业的发展与分工只是男性展现才能的专门领域。

在农、工之间及手工业内部分工过程中的诸阶段的墓葬，凡使用锛、凿随葬的男性，往往同时也随葬了刀、铲这类农业工具，表明手工业匠人还同时是农人。这反映了当时农、工与手工业内部分工还处在较低水平。同时，在家族、氏族仍是维系人们的社会组织的情况下，手工业分工往往表现为家族，甚至氏族之间的劳动分工。

制陶业始终是新石器时代的一种重要的手工业。在技术上，它先后经历贴型、泥条盘筑及慢轮加工之后，于公元前 4000 年前期后段，已在陕西华县泉护村一期文化的晚期遗存中见到了快轮制品。快轮制陶技术经历一逐步发展过程，至龙山时代才在黄河及长江流域普遍推广开来。不过，即使在这一时期的黄河流域，从它的下游到中、上游，这一技术推广及发展程度，也存在逐步递减而显得颇不平衡的情形。

快轮制陶技术的产生，是史前工业技术革命步入一重要阶段的标志。在此之前，黄河流域的半坡文化及庙底沟文化的陶窑，往往是成群分布的。而随着轮制技术的发展，制陶组织或单位愈益缩小。兰州徐家坪包含十二座窑址的马厂文化窑场，从其被分割成四个由不等数量的陶窑组成的单元来看，当认为这一窑场分属于四个制陶组织；同时，其制陶规模也存在差别。自公元前 3000 年前期后段之后，在自陇东以东的黄河流域诸考古学文化的陶窑，一是窑室的容量扩大，二是以遗址为单位来看，陶窑的数量减少了，而且，它们往往呈零散分布。例如，经过大规模发掘的客省庄及三里桥遗址，分别只见到三座和一座陶窑。而且，在客省庄文化中，见到了陶窑成了一房屋附属物的现象。随着技术的发展，制陶日益专业化，同时，陶器成了交换中的重要商品。

随着使用快轮制陶之后，制石工艺获得了新的发展，同时，出现了制玉和金属制造两种专业。

制石工艺的进步，表现在两个方面，一是使我们见到了日益增多的那种棱角锐利、体型扁薄且整体抛光的石制品，二是单面穿孔技术的出现并逐步地推广开来。制石成了需经专门训练才能掌握其技能的职业。

据至今见到的考古资料，可知住居在燕山南北及长江流域的先民，较其他地区的居民更早地从石头中辨识出美石（玉），加工成装饰品，随后在这两地区的历史进程中，一直保持生产和使用玉的传统，并使之发展，至迟在公元前三四千年之交的红山文化和公元前 3000 年中期开始的良渚文化，分别出现以猪龙或以琮璧为中心的玉礼器系统。在此之前，制玉和制石两类工艺混杂不分，至玉礼器出现起，一是因为两类工艺要求原本应有所区别，二是由于玉礼器工艺水平要求超过制石，故出现了从制石人中分化出专门从事制玉的工匠。

红山文化和良渚文化是我国史前时代两个玉文化中心，对其他地区产生过不同程度的影响。一是从影响面及影响的深远意义来看，良渚文化超过了红山文化，二是尽管在山西及内蒙古中南部见到导源于良渚文化的影响，然而，从迄今的材料看，受良渚文化的玉文化影响最直接且有相当深度的却是黄河下游及淮河流域，至于长江下游和长江中、上游的关系，至良渚文化时期，虽可见后者受前者的影响，但从整个玉文化的相互关系来看，则比较复杂，至今尚难窥其端倪。由于玉文化发展的不平衡性，对其他地区出现玉匠的先后，以及是否产生过独立的玉匠问题，当作具体分析。目前的资料情况，使我们对此难以探讨。

见于林家马家窑文化的经过冶炼并由合范浇铸而成的青铜刀子、源涡镇的铜炼渣和红山文化的冶炼遗存及铜制品，说明至迟在公元前 3000 年初期，我国已掌握了冶炼、浇铸铜器的技术，至龙山时期，制铜技术获得了进一步发展和推广。从获取矿石，经冶炼到铸造铜器的生产，是一有组织的协作劳动、十分复杂的工艺过程。这一工艺的出现，使手工业分工获得进一步发展，是继快轮制陶之后又一次具有时代性的工业革命，在随后的中国历史发展中将看到由它引起的社会变革，较快轮制陶更加深刻。

在以农业为基础经济的史前社会，手工业发展规模和程度，最终取决于农业为其可能提供的剩余劳动的状况，同时，它在规模和速度两方面增强了人类聚集财富的能力。除了由于它的存在直接产生的社会分工与分化外，还要求产生管理人员和沟通社会各部门生产的交换人员。然而，史前社会分工与分化并未仅在生产领域中停步，基本上与上述社会生产领域分工与分化同时，又产生了巫师与军事领袖。

早已发生的宗教，至公元前三四千年之交，已发展到一定规模。红山文化的坛、庙、冢和仰韶时代晚期大地湾 F411 带有地画的大房子。这类宗教性建筑，已表明存在较复杂的宗教礼仪与之相适应，当已存在某种形式的巫师。巫师是宗教发展到一定阶段的产物，从为宗教礼仪由选举产生的临时性“业余”巫师到专业巫师是一个历史过程。至公元前 3000 年中期，宗教得到进一步发展，产生了质的变化。如不计富河文化人骨的话，甘肃灵台桥村发现的当是属于这时期的迄今见到的最早的人骨，大汶口文化的用于祭祀的带有符号的陶尊，以及良渚文化带有墓葬的祭坛，应是宗教已步入一新阶段的标志。

瑶山良渚文化祭坛具有下列值得注意的现象：

（1）建筑于瑶山山顶，自内而外是用红、灰和黄褐色斑土铺垫而成。附近无同时期的居住遗迹；

（2）祭坛南半部有东西成行的南、北两列墓葬，墓列分布范围与祭坛面积基本一致；

（3）墓葬大小及随葬品数量有别，却都以随葬玉器为主。当不是这文化的普通墓葬；

（4）玉琮、玉（石）钺只见于南列诸墓，玉璜及纺轮仅见于北列墓葬。推测南列诸墓主人为男性，北列为女性。

男觋女巫脱离所在群体葬地，集中葬于祭坛，是巫师阶层已形成才可能出现的现象。女巫一般无琮，说明男觋地位一般高于女巫。这里琮、钺共为一人的随葬物的现象，和陶寺 M3015 墓主人同时随葬钺和礼乐器的情况，一致显示神、军权集于一人的事实。福泉山 T23M2 有琮无钺，以及同地的 T27M2 钺、纺轮共存而无琮的现象，从另一方面说明当时掌握了神权的人，并不一定都握军权和某些女性亦能执掌军权。

至此，史前时代社会的分工与分化，已具基本规模。然而，史前的变革并未到此止步，但往后的分工与分化的历程，只是已形成的这一层面的延伸、发展和深化。

早在旧石器时代，我国北方和南方的文化特征就有所不同；同在北方，也有所谓周口店第一地点－峙峪系和匼河－丁村系的区别。不过由于各地考古发现的不平衡，这种区系的划分难于准确和取得一致认识。到新石器时代农业发生后，由于自然地理环境的不同形成了三个巨大的经济文化区，即华中、华南的水田稻作农业经济文化区，华北和东北南部的旱地粟作农业经济文化区，东北北部、内蒙古高原、新疆和青藏高原的狩猎采集经济文化区，这是文化区系的第一次重新组合。

大约在公元前 6500～前 5000 年，即相当于磁山文化的时期，在三大经济文化区的基础上逐渐形成了若干地区性的考古学文化。地处中原的河南和河北南部有磁山文化或称磁山·裴李岗文化，陕西和甘肃东部有老官台文化，山东有北辛文化，北京地区有上宅文化，内蒙古东南和辽西有兴隆洼文化，沈阳地区有新乐下层文化，位于长江流域的湖北有城背溪文化，湖南有彭头山文化等。

由于农业的继续发展和人口增殖的加速，到了公元前第四千纪，在一些地区形成了移民垦荒的浪潮，从而引起了考古学文化的大传播以及不同文化间的接触、影响与融合。这种现象在甘肃表现得特别明显。那里老官台文化和仰韶文化半坡期的西界仅到陇东天水附近，到庙底沟期便大举西进到甘肃边界，马家窑期继续西进到武威，马厂期更到达河西走廊西端的走廊，再往后的四块文化已分布到新疆的东界。内蒙古中南部也有类似的情况，那里因为纬度较高（甘肃是因为地势较高），因而气温较低，雨量也相对较少，早期农业没有传播到这个地区。到仰韶文化的半坡期已有少量农人沿黄河和汾河河谷北上垦荒，到庙底沟期就有更多的农人涌入河套地区，因而在那里出现了一系列与晋、陕庙底沟期遗存十分相似的遗址。在渤海湾，一些大汶口文化和龙山文化的农人从山东半岛先后渡海移居到辽东半岛，把山东的史前文化传播到渤海北岸。东南沿海史前文化的发展也有类似的情况。至于长江流域本来就有较发达的文化，在公元前第四千纪当地新石器时代的农业又有进一步的发展，并且与黄河流域发生密切的文化交流。上述情况使考古学文化分布图发生了变化，这是文化区系的第二次重新组合。

大约在公元前第四千纪，各地前后进入龙山时代，此时手工业有了显著的发展。一是铜器的发明，使神州大地上第一次出现了冶金；二是快轮制陶技术的发明，不但提高了生产率，而且使制作蛋壳黑陶那样精致的器物成为可能；三是养蚕缫丝和丝织品的出现；四是玉器工艺的大发展。此外，还有漆器工业和建筑业的进步，如普遍使用石灰、土坯和夯筑技术等，所有这些都需要熟练掌握技术的匠人。一种新技术出现后必定有一个推广的过程，这种推广的过程必定伴随着一些匠人的流动和相关文化因素的传播。再者，这些手工业产品既然不是每一个人甚至也不是每一个公社都能制造的，因而必然会出现较经常的商业交换；有些人不满足于一般性商业交换，干脆用武力去掠夺，所以这对武器有较大的改进，也出现了城墙等防御工事。战争固然会造成破坏，但客观上也可能促进文化的传播。这是一个大动荡大改组的时期，考古学文化分布的地图又发生了变化，这是文化区系的第三次重新组合。当战争的机器进一步发展，征服的地方越来越多，社会向两极分化，文化区系又将重新组合，那已是文化时代的事情了。

五

在我国古籍中有许多关于远古时代的传说，过去有不少学者进行过研究，徐旭生和童书业先生等还曾进行过系统整理。不过那时史前考古学尚未充分发展起来，无法同考古资料进行比照。有一些作者想用考古资料印证传说，又往往牵强附会。现在史前考古已有了长足的发展，本身就可以大体复原远古时代的漫长历史，传说资料反而只起参照的作用。若以整理传说史料本身来说，史前考古资料则已成为不可忽视的最可靠的参照系。

古代有所谓三皇五帝之说，但具体哪是三皇哪是五帝，则往往有不同的说法。要之三皇或类似三皇的说法应属后人对荒远古代的一种推想，并非真实历史的传说。而五帝则可能实有其人其事，所以司马迁著《史记》时径直从《五帝本纪》开始，而于五帝以前的历史则只字不提。

五帝说大约形成于战国时期，但各家所说不尽相同。《史记》以黄帝、帝颛顼、帝喾、帝尧、帝舜为五帝，也许是司马迁认为这几个人的事迹比较可信。其实在别的古书上还有许多帝，也不见得都是虚构。例如，黄帝就是打败了炎帝和蚩尤之后，声名才显赫起来的，说明起码当时还有一个炎帝。只是后来人用千古一系的思想整理古史，把本来比较复杂的情况简单化了。

五帝的时代究竟相当于考古学上的哪个时代，现在虽然还无法论定，但也不是毫无边际。以往在仰韶文化发现之初，不少学者以为它就是夏文化；后来觉得仰韶年代太早，又提出龙山文化就是夏文化的意见，现在也还有一些学者保持这一看法。不过从有关夏纪年的各种说法与 ^{14}C 年代的比照来看，从夏人活动区域的考订与考古学文化分布范围的比照来看，从夏的文物典章制度与考古学文化内涵的比照来看，从夷夏关系、夏商关系与考古学文化关系的比照来看，二里头文化更像是夏文化。假如这个判断没有大错，那么五帝时代的下限就应是龙山时代。

五帝时代之始，战争连绵不断。《五帝本纪》说："天下有不顺者，黄帝从而征之……迁徙往来无常处，以师兵为营卫。”他先是打败炎帝，接着又擒杀蚩尤。这种情况只有在社会财富有所积累，社会分化日趋尖锐的情况下才能发生。从考古学文化来看，这是仰韶后期即大约相当于公元前 3500 年以后的事。所以五帝的时代的上限应不早于仰韶时代后期。

按照古史传说，五帝的时代又可分为两大阶段，黄帝至尧以前是第一阶段，尧及其以后是第二阶段。先秦儒家言必称尧舜，《尚书》就是从《尧典》开始编纂的。墨家常是虞夏商周连称，把尧舜的历史同三代相联系而与以前的历史相区别。在其余各家的著作中也可以看到类似的倾向。问题是这两个阶段能否同考古学文化相对照。前面已经谈到在仰韶时代与龙山时代之间确实有一个明显的变化，无论从农业和手工业的发展、社会的分工与分化，还是从文化区系的重新组合等各方面都能看得出来。不过龙山时代有五六百年，而尧舜禹假如真是相互继承关系，时间就会短得多。除非不是个人的直接继承关系，而是不同部落禅递掌权，否则难以简单比附。

传说尧为陶唐氏，舜为有虞氏，尧舜的时代或称为唐虞时代。《孟子·万章》引孔子的话说：“唐虞禅，夏后殷周继、其义一也。”意思是说唐虞时代实行禅让制度，而夏商周则是父死子继、兄终弟及的家天下制度，一禅一继，把两个时代区分得非常清楚。所谓“其义一也”，是说二者又有联系，都是合乎天意即时代的要求。《尧典》中谈到那时除帝尧、帝舜外，还有由四岳、十二牧（或曰群牧）组成的贵族议事会；有以司空为首的包括司徒、后稷、士（类似后之司寇）、工（百工）、虞、秩宗、典乐、纳言等部门官员的行政组织；有刑法（象以典刑、流宥五刑、鞭作官刑、扑作教刑、金作赎刑、眚灾肆赦、怙终贼刑）；有军队并有显赫的战功。这已经是一种雏形的国家了。当然，《尧典》系后人追述，难免有记不准确而把作者当时的某些情况附会增加进去的地方，但也不会是向壁虚构。只要看看龙山时代已有很大的城（山东章丘龙山镇城子崖的城内面积就有 20 多万平方米），就知当时一定有了城乡的分化，有了政治、军事和文化的中心，有些两椁一棺的大墓墓主一定是身份很高的贵族，制铜、制玉和蛋壳黑陶等当时的高技术产业很可能有工官管理。而当时普遍出现的乱葬坑，死者身首异处或肢体残乱，当是酷刑的牺牲者。如果我们能把这两方面的材料很好地结合起来，特别是把这一阶段的考古工作继续深入地开展下去，就会更好地把我国的远古历史同夏商周三代的历史衔接起来，把在中国这块土地上如何产生私有制和阶级，最后出现国家的具体进程及其特点阐释得更加清楚。那时我们将有理由说我们所做的确实称得上是恩格斯《家庭、私有制和国家的起源》一书的中国续篇！

1991 年 4 月于北京

（原载于《史学史研究》1991 年第 3 期）

良渚文化的历史地位
——纪念良渚遗址发现六十周年

苏秉琦

良渚文化从发现到现在已经六十年了，在这期间中国文明起源问题的研究已经迈出了一大步，良渚文化本身的研究也取得重要突破。在这个大背景下纪念良渚遗址发现六十周年，是一件大事。这是处于五帝前后段之间、以环太湖流域为中心、已具方国规模的良渚文化在中国文明起源、中华民族和中华文化传统形成过程中所起的重要作用所决定的。

在中国整个文明发展史上，东南半壁是“半边天”，中国古文化如果分为面向大陆和面向海洋的两大块，或西北与东南两大块的话，早在距今四五千年前的良渚文化时期这种格局就已形成。西北与东南的对向交流，不仅表现于玉器的种类及纹饰，尤其表现为鼎豆壶的组合在东南沿海地区出现早、成组合、成序列，并在中国传统礼制中长期成为定制，这不能不追溯到环太湖流域的良渚文化甚至是先良渚文化。大约从良渚文化晚期起，以石犁的大量使用为标志，农业的精耕细作传统和太湖流域的开发，使江南一直有强大的经济力量作后盾，也提高了江南地区在全国政权中的地位和作用。良渚文化之后的吴越已具有逐鹿中原争天下的大国实力；秦汉帝国以后，北人南渡，南人北上，西北与东南地区的对立统一，也经常是影响中国历史大局的重要流向。在南北朝对峙时期，江南虽然在政治、军事上不占优势，但经济文化发达，六朝时代文人们四六对句的散文韵化，很为北方人所欣赏传颂，所以到了宋代以后科举兴盛时，江南文人占了优势。就是明末清初孤踞东南一隅的南明政权，敢于同强大的清王朝对立几十年，表现得很有气节，也不是一件简单的事，南明史应在中国史上大书一笔。到了近代，上海成为全国经济重心，也不能说与古老的良渚文化无关，宁波籍人在上海经济文化活动中所起到的重要作用就很能说明这一点。

今天，当地政府重视良渚文化遗址的保护，建起良渚文化遗址博物馆，并借用这次纪念活动的机会出版集中了海内外学者高质量文章的纪念文集，这可以说是实现 21 世纪中国考古学与今接轨、世界与中国接轨目标的一个前奏曲。所以我预祝良渚遗址发现六十周年纪念活动圆满成功。

1996 年 1 月 26 日深圳贝岭居

（原载于《中国文物报》1996 年 10 月 13 日第 3 版）

《中国文明起源新探》（节选）

节选一

以环太湖为中心的东南部

与北方区系、中原区系并列为三大区系的东南沿海地区，因为面向海洋，古代文化有不少共同因素，同时对中国社会历史与民族文化诸特征的形成一直起着重要作用。就新石器时代来说，这一地区诸原始文化中普遍流行穿孔石斧、石钺、有段石锛、圈足陶器、三足陶器，这一地区诸原始文化的社会发展，普遍地具有比较明显的阶段性和大体上的一致性。它们在这一期间，对中国其他人口密集的广大地区的影响、作用是显而易见的，如流行于全国广大地区的以“鼎、豆、壶”组合而成的礼器、祭器就是渊源于这一地区。但这只是问题的一面，还有另外一面，那就是中国东南沿海地区的新石器诸文化，尽管它们呈现出许多相似之处，存在明显的共性，这只能说在当时它们之间具有比较密切的联系，而不能说它们属于某一个人们共同体。它们之中各个地区、各个块块的社会历史文化的发展，必然还是在它们各自的一定范围内，按照它们各自的社会关系和文化传统而向前发展的。它们之间的互相影响、作用应该重视，但总是次要的，排在第一位的应该还是它们各自如何发展。

以环太湖为中心的东南部，包括长江下游的江苏、上海、浙江、安徽，是东南沿海地区与山东并列的另一重心。这一地区是考古学文化区系类型学说提出前后，学术讨论最活跃也是争论最多的一个区系。1977年，在南京召开的“长江下游新石器时代文化学术讨论会”，可以说是有关考古学区系类型的第一次专题性会议，接着就有1981年以东南沿海古文化为专题的中国考古学会第三次年会和1984年“太湖流域古动物、古人类、古文化学术座谈会”。从把山东、江苏、浙江古文化都包括在内的“大青莲岗文化”，到分为江北、江南两区，江南又分出宁镇、太湖两区，再到太湖流域又可分出若干小区的认识过程，说明区系类型学说在这个地区深入是比较快的，效果也比较显著。目前，以太湖流域和宁镇地区这两个区系比较明显。围绕洪泽湖、淮河下游包括苏鲁豫皖邻境地区以及浙南地区考古文化区系的建立，也已提到日程。

太湖地区东临海，北到长江，西到茅山山脉，南达天目山麓，这三四万平方千米，是一个考古文化实体。太湖地区积累材料较多，对它的重要性的认识也比较清楚。对这一地区古文化遗存的认识过程与黄河下游的山东地区很相似，山东是先认识龙山文化，后认识较早的大汶口文化和更早的北辛文化的，这里也是先认识时代较晚的良渚文化，后认识时代较早的马家浜文化。20世纪30年代施昕更发现良渚遗址，他已认识到太湖流域古文化有特色，称得起是开拓型人物。当时卫聚贤等人倡导的吴越史地研究会，时间不长，活动不多，抗日战争爆发后就没有下文了，但这也说明它的发起者已清楚认识到吴越史地作为专门课题的重要性。良渚遗址发现初被归入龙山文化，认为比龙山文化晚，这和当时学科还在初创阶段有关。现在我们依据田野考古工作突破性成果，已可将太湖流域从距今7000 ~ 4000年前后的新石器文化和青铜文化排出发展序列了。吴县草鞋山、张陵山等地提供的地层关系以及后来在桐乡罗家角的发掘，说明这里的文化发展序列为：马家浜文化—良渚文化—青铜文化（古吴越）。这是在覆盖面基本一致的条件下，从距今7000年的马家浜文化到四五千年的良渚文化和到西周以前的古吴越文化，它们上下年代可以连贯起来，自成体系。马家浜文化中的陶器自有其组合，如宽平沿腰带的釜，有类似腰带的鼎、豆、壶以及大穿孔石斧（钺），等等（图一）。中期阶段可以青浦崧泽遗址的主要遗存为代表，再后是良渚文化（图二）。以溧水神仙洞为代表的洞穴堆积，则为探索这一地区新石器文化早期遗存提供了线索。

围绕太湖附近，古文化遗址分布相当密集，它们在各个不同阶段中

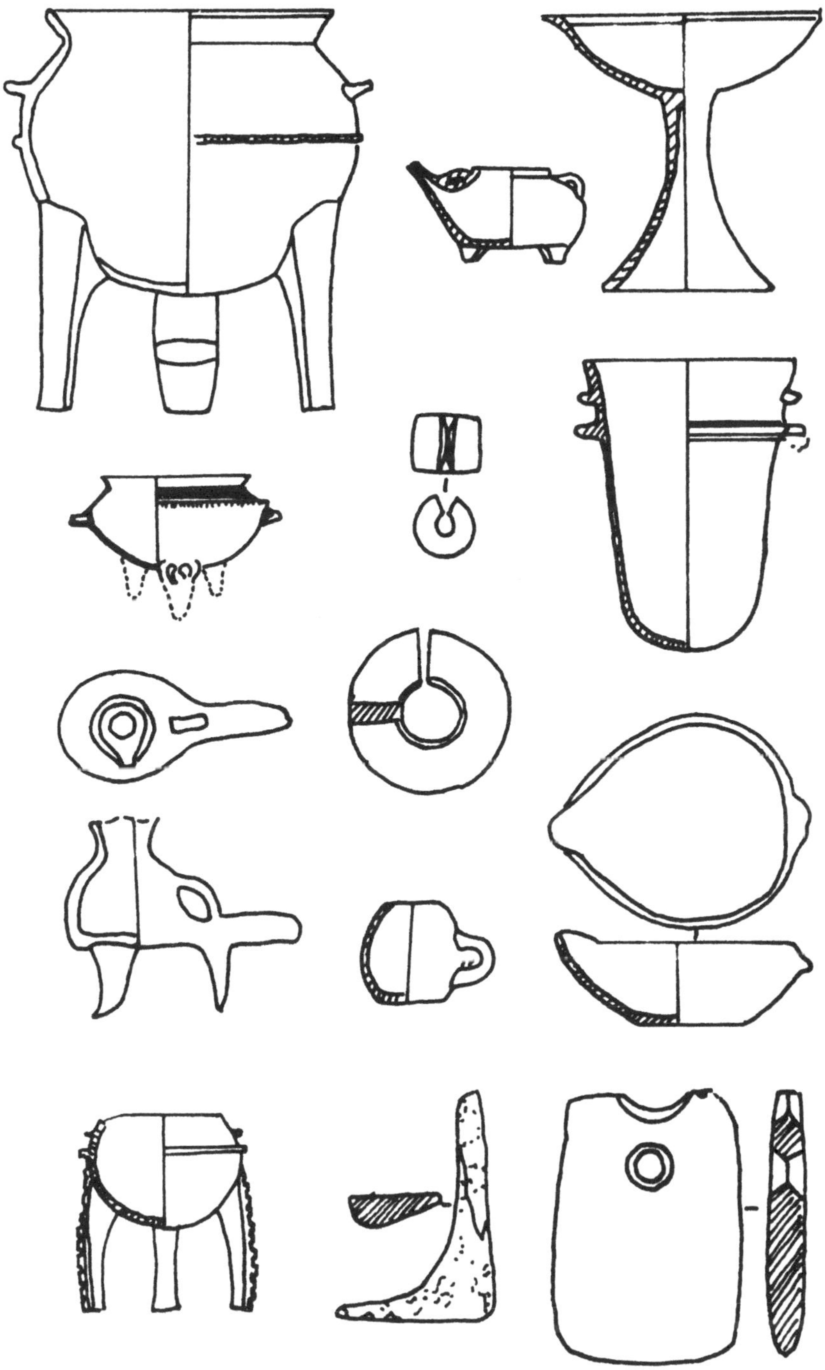

图一　马家浜文化器物

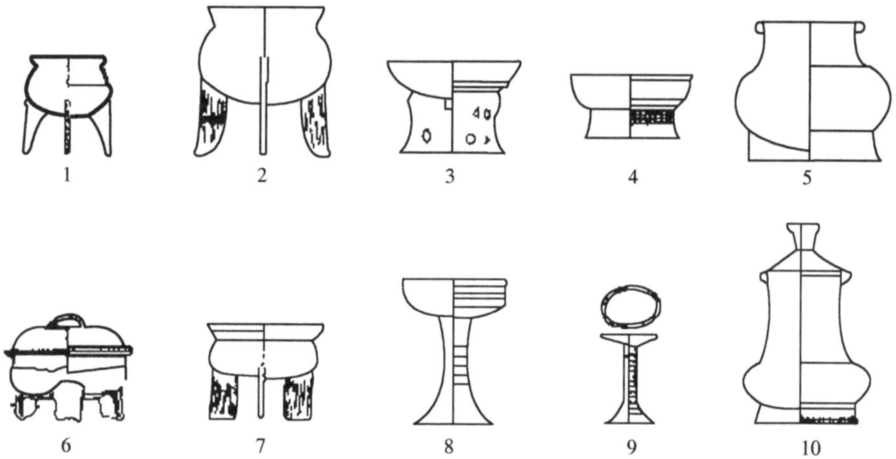

图二　良渚文化陶器
1～5. 早期　6～10. 晚期

分布情况是否有规律，也需要考虑。我们注意到包括马家浜—良渚文化的多层堆积集中分布在太湖东北侧，在太湖东南侧则良渚文化比较发达，位于太湖西南侧的浙江嘉兴地区则发现商周青铜器地点较多，有的出在良渚文化—几何印纹陶遗址附近。这类遗址多是几何印纹硬陶与釉陶或原始瓷的特征更为明显。我们或又可以把环太湖流域分为三个小区系：苏松地区（苏南）、杭嘉湖地区（浙江北部）和宁绍平原（浙江东北部）。苏松地区以常州为界与宁镇地区相邻；浙江北半部、杭州湾南北两侧的两大平原——宁绍平原和杭嘉湖平原，两者既各具特征互相区别，又关系密切。

以上太湖流域三个小区系之间关系比较紧密，而同宁镇地区的关系比较松散。例证之一是宁镇地区出土的炊器典型器类是鼎，而太湖流域三个小区系出土的炊器典型器类是釜。苏松地区的炊器典型器类陶釜，又可分为两种（图三），它们各有自己的发展序列（以吴县草鞋山为代表）。这三个小区系陶釜的成型方法又可分为四种，除其中一种可以名之为“原始型”外，其与三种应分属于三块，各自成完整的序列。因此，我们似乎可以给它们分别命名为“河姆渡类型”（浙东北），“马家浜－罗家角型”（浙北）和“圩墩－草鞋山型”（苏南）（图四）。

这里还要特别提一下宁绍平原。这一区系的早期遗存以余姚河姆渡下层

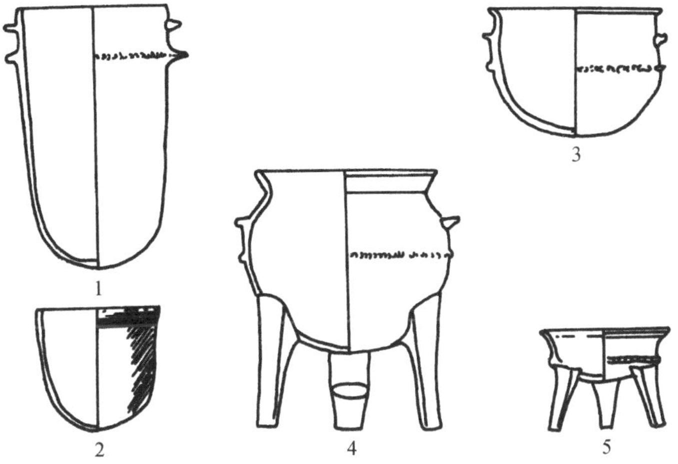

图三　两种釜及其发展趋势（草鞋山遗址）

1. 筒腹釜（马家浜文化） 2. 筒腹釜（崧泽文化） 3. 弧腹釜（马家浜文化）
4. 鼎（马家浜文化） 5. 鼎（崧泽文化）

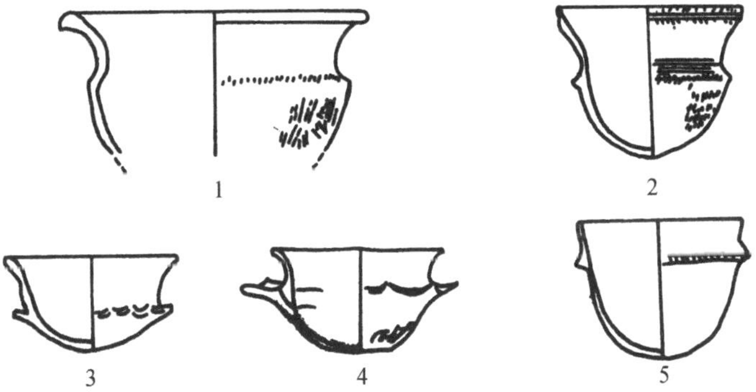

图四　从腰部结构划分的两种釜（罗家角遗址）

1. 原始型（腰部接茬，脊线加纹饰） 2. 河姆渡型（腰部接茬，脊状突起） 3、4. 马家浜－罗家角型（上下两部接茬如甑与釜结合） 5. 圩墩－草鞋山型（腰部系在接茬部分，另加一带如箍）

为代表，时间与马家浜文化相当，它的文化特征明显（图五、图六），除了“河姆渡型”有子母口、支垫的圆底釜以外，还有水器为带流的盉，它们都各有其变化系列。生产工具也很有特色，如骨耜（图七）和小型的石凿、石锛等。马家浜文化中多见的大石斧钺，这里仅在后期出现，这种文化可能自有渊源。种种迹象表明，

图五　陶釜（河姆渡遗址）

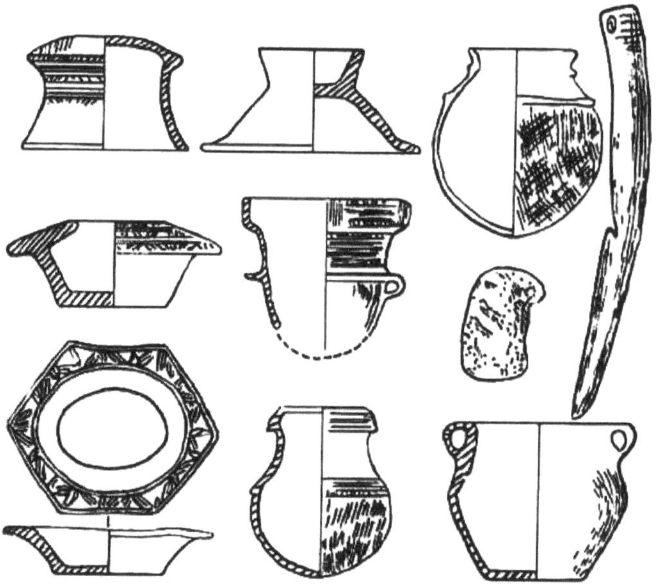

图六　河姆渡遗址第四层（下层）出土的陶器和骨器

图七　河姆渡遗址骨耜

在稍后阶段，这里与太湖地区古文化更为密切，这一地区也有良渚文化和几何印纹陶的遗存，而且越到后来，两者的关系也越密切。

可见，环太湖流域在建立文化发展序列和划分小区系的基础上，还有许多工作要做，如①寻找早于马家浜文化，并与之有关的早期新石器—中石器时代的遗存；②马家浜文化中圩墩、罗家角、马家浜、草鞋山都是一条板凳上的兄弟，有共同因素、共同渊源，走过一条相似道路，它们都有腰沿釜，但从它的“原型”发展为形制特征各不相同的几个支系，需要再做工作，课题可以叫“马家浜诸文化”（仿“红山诸文化”）；③马家浜文化是如何过渡到良渚文化的，在中原地区，仰韶文化与龙山文化之间有庙底沟二期、王湾二期，都是过渡阶段性质，有很大复杂性，把它看作已解决的问题，或当作简单问题，都不利于学科的发展；④“后良渚文化”，即古吴越文化，主要是指西周以前的早期青铜文化，可以马桥遗址第四层为代表，出印纹硬陶、釉陶、青铜器，与较早的草鞋山上层可以衔接，这类遗存有些可能就在今天的城市及附近，有些可能不是，如“淹城”遗址。现在大家讨论“太伯仲雍奔吴”，太伯是奔无锡还是奔镇江，可暂不谈，反正在此以前，这个地区曾有过自己的青铜文化，产生过自己的国家——吴越。当然，周人对这里政治文化影响绝不能低估，但古文献中所谓“文身断发”倒似乎说明周人也曾经历过一个“地方化”的融合过程，为秦人的统一事业开辟了道路。从这一认识的基础上，可以进一步把浙江南半部另分为类似北半部的情况，即浙江西南部的“金衢”和南部的瓯江区分为两个文化系统。

以南京为中心的宁镇地区，连接皖南与皖北的江淮之间以及赣东北部一角。这一地区古文化特点表现在：南京北阴阳营遗址出土物很有特色（图八），陶器中有罐形鼎、带把鼎、盉、盂、盘、豆等，它们也自成组合，生产工具中的有肩石铲、有肩石斧、新月形石刀等，与其他地方的同类器有明显的差异，虽然还没有发现比它更早的遗存，但当不排除其自成系统的可能，在发展过程中也有类似上海崧泽那样的阶段。近年在安徽潜山薛家岗发现了相当于北阴阳营这一阶段的遗存，特征也多相似，表明该文化类型的分布，西北部已达到今安徽省境。北阴阳营上层有几何形印纹软陶、硬陶和釉陶等，突出的还有类似偃师二里头、郑州二里冈时期的陶鬲和锥、刀等小件青铜器，表明这里的新石器文化遇青铜文化是相衔接的，同时也表明，这里也是南北通道，较早地与中原地区古文化有了更密切的联系，是西北与东南古文化的交叉地带，对于中国西北和东南两大地区文化的交流，曾经起过独特作用，从而也有别于太湖流域古文化。

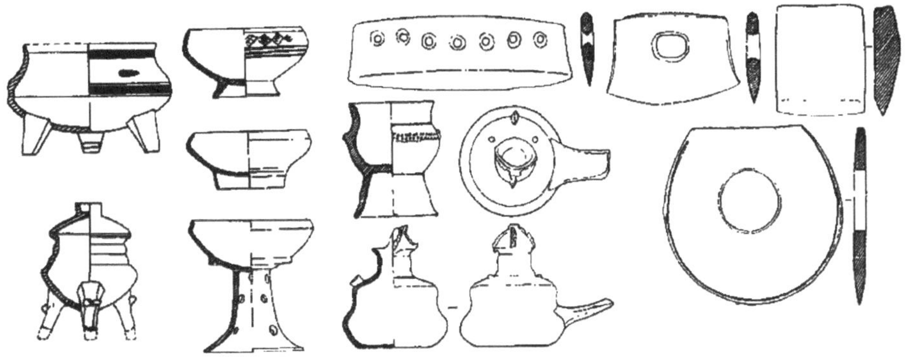

图八　南京北阴阳营遗址出土器物

节选二

不过，方国最早出现是在夏以前。江南地区的良渚文化，北方的夏家店下层文化是最典型的实例。

至迟开始于公元前第三千年中期的良渚文化，处于五帝时代的前后期之间，即“绝地天通”的颛顼时代。良渚文化发现的带有墓葬的祭坛和以琮为中心的玉礼器系统（图九～图一六），应是宗教已步入一个新阶段的标志。以瑶山遗址为例，这个遗址发现的祭坛和玉礼器有以下值得注意的现象：

图九　瑶山遗址及墓地

（1）建筑于瑶山山顶，自内而外是用红灰和黄色斑土铺垫而成。附近无同时期的居住遗迹；

（2）祭坛南半部有东西成行的南、北两列墓葬，墓葬分布范围与祭坛面积基本一致；

（3）墓葬大小及随葬品数量有别，却都以随葬玉器为主，当不是这文化的普通墓葬；

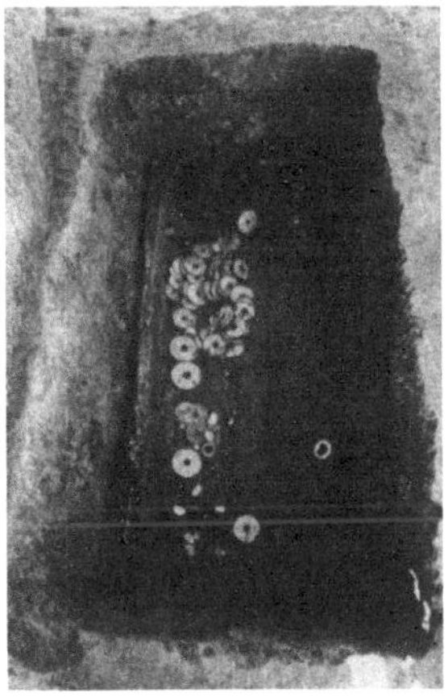

图一〇　反山第 23 墓

图一一　玉琮

图一二　玉钺

图一三　玉项链

（4）玉琮、玉（石）钺只见于南列诸墓，玉璜及纺轮仅见于北列墓葬。推测南列诸墓主人为男性；北列为女性。

男觋女巫脱离所在群体葬地，集中葬于祭坛，是巫师阶层已形成才可能出现的现象。女巫一般无琮，说明男觋地位一般高于女巫。上海福泉山良渚文化墓地存在有琮无钺（T23M2）和钺、纺轮共存而无琮（T27M2）的现象，从另一方面说明当时掌握了神权的人，并不一定都掌握军权和某些女性亦能掌握军权。瑶山

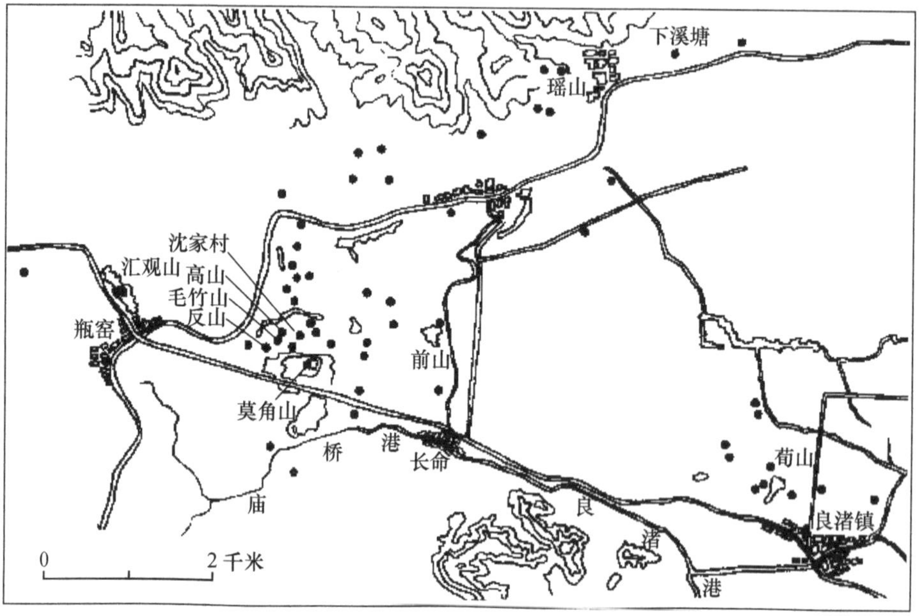

图一四　余杭良渚遗址群

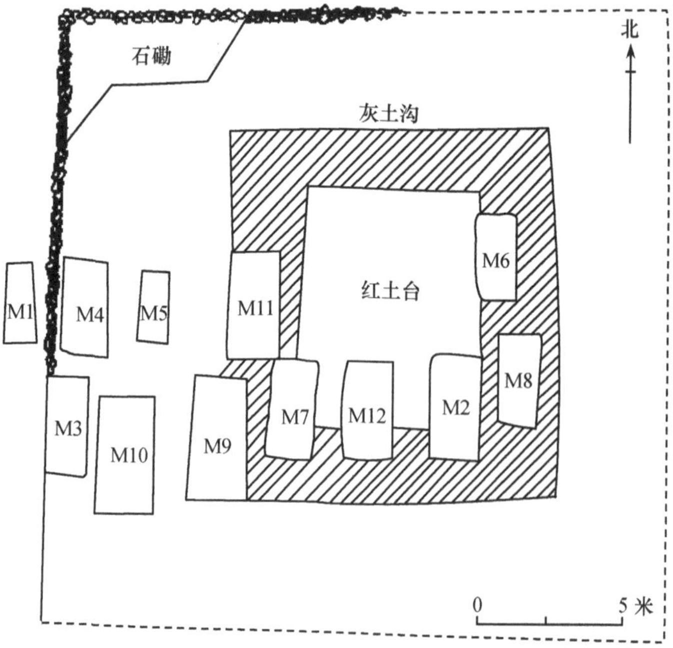

图一五　瑶山祭坛遗址及良渚文化墓群分布图

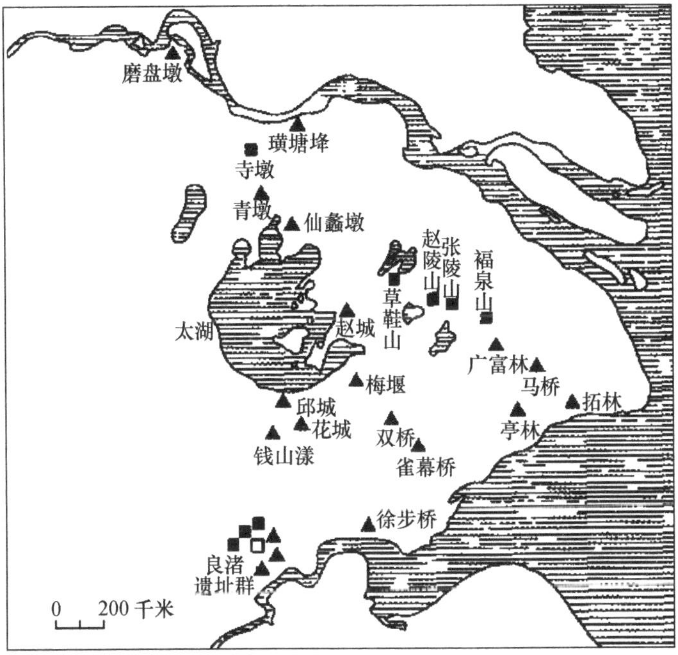

图一六 良渚文化重要遗址(▲)和墓地(■)分布示意图

等地墓葬最值得重视的现象，是琮、钺共为一人的随葬物，显示神、军权集于一人的事实。玉琮是专用的祭天礼器，设计的样子是天人交流，随着从早到晚的演变，琮的制作越来越规范化，加层加高加大，反映对琮的使用趋向垄断，对天说话、对天交流已成最高礼仪，只有一人，天字第一号人物才能有此权力，这就如同明朝在北京天坛举行祭天仪式是皇帝一人的事一样。这与传说中颛顼的“绝地天通”是一致的。这种权力集中到一人为标志的政权转折，是中国五千年文明史上的一个转折点，也是方国的一个主要标志，就是大国下的小国群体。从区系角度分析，太湖流域作为一个大区系，内部又分为若干个小块块，是大区系下的小块块。所以认识到良渚文化已具方国规模，才更有实质意义。

(原载于《中国文明起源新探》，辽宁人民出版社，2009年)

关于环太湖地区考古的通信

苏秉琦

1966 年 2 月 26 日

大顺论文中有关刘林、花厅关系部分，我写了一份摘要随函附上，供你参考，并希望你对他的论点，提出自己的看法，写信告诉我。

圩墩村调查材料[①]，希望早日整理出来。不会画图，可以试着来，发表时可请这里技术室加工。像这类包含不同时代的遗址材料，最好还是有些共生关系或层位关系才好。否则专就器物形制分析，总是吃力不讨好。

1974 年 8 月 4 日

信收到了，非常高兴！去年中航同志来京，改写大汶口报告[②]结论部

---

① 圩墩，太湖地区古文化典型遗址，位于江苏省常州市戚野堰镇南，在 1972 年、1974 年、1978 年、1985 年共发掘四次，发掘面积 1330 平方米，发现包含丰富的马家浜文化遗存和叠压在上面的崧泽文化遗存，有马家浜文化墓葬 150 余座，崧泽文化墓葬 5 座，还有一些春秋时代的几何印纹陶遗存。圩墩村调查材料见《考古》1974 年第 2 期所刊《江苏常州圩墩村新石器时代遗址的调查和试掘》一文。

② 《大汶口——新石器时代墓葬发掘报告》，文物出版社 1974 年出版，山东省文物管理处、济南市博物馆编，全面报道了 1959 年夏在山东大汶口遗址发掘的 133 座墓葬，是研究中国原始社会晚期历史的重要资料。由于当时的历史条件，未介绍具体编写过程。该报告由杨子范、刘锡曾、陈晶、于中航、蒋宝庚整理编写，1963 年完成初稿，1964 年完成二稿，1972 年在苏秉琦先生具体指导下，由于中航重写了有关文化性质和社会性质考察的第九章和结束语。参见陈晶《〈大汶口〉新石器时代墓葬发掘报告编写记述》(《文物天地》1988 年第 6 期)。在这封信中，苏先生对这本书作了全面的评价。

分。事后他才提起，后悔没有趁此机会请你来一起商量着写。现在此报告的最后校样听说已排好，多年心血，出版有望，可喜可贺！毫不夸张地讲，这本报告总的说来，算是差强人意的。有人也许会说选材料多了一些，而我则认为成组的材料还嫌少了些。最遗憾的是，人骨鉴定只有一部分，结合成组器物不够多，不仅使我们探讨墓地的排列顺序不大可能，进一步探索其社会意义也就更困难了。这一步办不到，那么，这批材料的一半重要意义就丢失了。我曾经在文章中提到过，大汶口类型墓地的排列可能同华县元君庙墓地的排列，形式上不同，而性质却相似，即是同一社会发展阶段的两种方式，其实质是相同的①。我曾经费了一番力气，可惜还是不能得到满意的结果，还是只能从其中的一小部分看出其一定的排列顺序及其变化。对此，我还不死心，等有机会能找到你们做的卡片时再试试。

圩墩村材料，想来是很重要的，长时间以来，我们曾考虑过，在长江下游的江南一带，到底南京地区和太湖地区的关系是一回事，还是两回事？常州地处两者之间，也可说边缘地带。来信提到，有同志认为，马家浜类型即良渚前身，这意见，我认为是有理由的。因此，我对像苏州草鞋山遗址的发掘②很感兴趣。南博（即南京博物院）同志曾几次带口信来，希望我去看看。我想等有机会时去看看。圩墩村材料，不知是一个单纯的时代，还是可分为几个时代？寄来要做 ^{14}C 测定的样品收到，还没有做，等有成果时再告诉你。

你们丹阳征集到一批原始青瓷与印纹陶共生的材料③，不知有无出土地点？如有像样的遗址那就好了。去年底今年初江西清江发现一处古城，名“吴城”，曾开了几个探坑，根据层位关系，可知此类青瓷与印纹陶的共生

---

① 见苏秉琦《关于仰韶文化的若干问题》一文的第 7 节和第 8 节，刊《考古学报》1965 年第 1 期，收入《苏秉琦考古学论述选集》。参阅《大汶口——新石器时代墓葬发掘报告》和《元君庙仰韶墓地》两书。

② 草鞋山，太湖地区古文化典型遗址，位于江苏省苏州市吴县唯亭镇北的阳澄湖南岸。1956 年发现，1972 年、1973 年两次发掘 1050 平方米，文化堆积厚达 11 米，内涵丰富，划为十层，包括马家浜文化、崧泽文化、良渚文化的早晚期和吴文化共四大阶段七个时期的文化遗存，基本上代表了太湖地区新石器时代文化的发展序列，是研究长江下游原始社会生产和社会发展过程的重要资料。《文物资料丛刊》第 3 期《江苏吴县草鞋山遗址》一文作了具体介绍和简要分析。

③ 指江苏丹阳县导士所出春秋时代的遗物，《文物》1979 年第 3 期所刊刘兴《镇江地区出土的原始青瓷》一文报道了一部分原始青瓷器。

现象，不是一个短的时期，而是包括几个不同的历史阶段。那里有城墙，还有青铜器。初步判断，它的主要堆积年代是商代，但包含有更早和更晚的阶段。因而引起各方面的重视，文物局曾几次函电，要地方上重视保护，并配合基建进行工作，到现在为止，还没有正式进行发掘。我原计划，等那里工作到一定段落时去一趟，也可顺便到南京、杭州看看。现在看来，什么时候能实现，还没有把握。我想，你可否把你们收到的那批青瓷、印纹陶画些草图给我，把它们同清江的材料对比一下，也许能看出些二者间的关系。同时，也希望你进一步了解一下那批材料的出土地点，当然，能对遗址情况知道多一些更好。

1974 年 12 月 19 日

大汶口的发掘[①]，我没见到第一手材料，也还没见到参加这次工作的同志。只知道，这次“调展”（指为迎接四届人大在京举办的文物展览——编者注）拿来三件彩陶，是前所未见过的。还听说，这次发掘区的情况，大致是比原大汶口报告中最早的更早一些的为主，其中包括有些是我们在鲁西北聊城调查发现的与仰韶文化早期阶段相似的器物。至于对它们应该如何定名，如何评价，那是有待商榷的了。

你 10 日信中谈的圩墩村材料，据我看（可能武断些）它可能属于长江三角洲、太湖流域范围内这一原始文化的西部边缘。为了说明它的这一特征，在工作中，还是以暂命名为“圩墩村一期、二期”较好。关于这一原始文化，我们业已有了苏州草鞋山、上海崧泽、嘉兴马家浜这几处各自可以分期的、早晚期文化特征大同小异的、较为可靠的材料。因此，这一文化的诸方面轮廓算是初具规模了。它们既有别于江苏南部的南京地区，也有别于苏北，更有别于近期浙江余姚河姆渡这些邻近地区的年代接近的诸文化遗存。

上博（即上海博物馆）的同志告诉我，他们今年既在崧泽弄清了它的上下两层，还进一步弄清太湖东侧“良渚”的早晚两层，又对这里有关印纹硬

---

① 此处指 1974 年大汶口的第二次发掘，发现一批早于 1959 年第一次发掘的墓葬和地层资料，参见山东省博物馆：《谈谈大汶口文化》，《文物》1978 年第 4 期。

陶的相对、绝对年代问题以及分期有了一定发掘材料的佐证（商周）[①]。尽管这些还是初步分析的结果，但已对这一地区从原始文化到早期青铜时代有了一整套分期断代材料。这些是根据他对我谈的记忆所及，我没笔记下来，可能有些出入，但我认为，知道这样一个大概，就够了。你知道这些也就够了。我告诉你，只是为了你们工作时，自己心中有数罢了。你们在常州—镇江地区广泛遇到的这类含有青瓷（或釉陶）、印纹硬陶、灰陶、黑皮陶一类遗存，大可抓下去，做上几处层位可靠、单位完整的材料，好好整理一下，将是很有意义的。那将决不仅是说明这一地区青瓷发展的问题。就是说，它不是个小问题，是很有学术、现实意义的。但我们又决不可以在工作还没有做之前，就自吹自擂。科学工作首要是用科学态度对待，这不是卖狗皮膏药的事，也不是神秘的事。

你们想搞个展览的设想，如果有可能，似以年代确凿、有共生材料证明的为主，再配合上那些可以比较、可以肯定年代的藏品。而说明的重点则不宜专就青瓷谈青瓷，而应以在这一特定地区、特定历史阶段的历史背景，说明它在我国整个历史发展中的特殊作用、地位。以上意见，供你参考，或可对领导适当反映。

1979 年 2 月 22 日

你好。你的那篇稿子[②]我粗读一遍。让我提意见，不好提。我并不想要求人像我一样考虑问题，这不符合“双百”精神。我犹豫的是，像你这样一个——说句俗些的话，好学深思，敏于观察，又愿意勇于提出问题的同志，再加上我们还一起摸过“大汶口”的盆盆罐罐的关系，这非同一般。而且，论资历，也该算老资格了，不能说是“初出茅庐”了。其实，诸葛亮的“隆

---

① 此处分别指 1974 ~ 1976 年青浦县（今上海市青浦区，后同）崧泽第二次发掘、1973 年青浦县果园村的发掘、1972 ~ 1975 年金山县（今上海市金山区，后同）亭林的发掘。参见黄宣佩、张明华的《上海地区古文化遗址综述》（《上海博物馆馆刊》第 2 期）和孙维昌、杨嘉琦的《三十年来上海地区考古收获》（《文物考古工作三十年》）第一部分。

② 1978 年陈晶同志写了一篇关于马家浜文化的文章，请苏秉琦先生、吴汝祚同志提意见，苏先生写了些信给以指导。陈晶同志按苏先生的意见作了努力，至 1981 年 9 月写出修改稿，又经苏先生两次提出意见（参见 1981 年 9 月 26 日和 10 月 30 日信）。陈晶修改后以《马家浜文化两个类型的分析》为题，提交中国考古学会第三次年会（1981 年 12 月在杭州举行），后收入《中国考古学会第三次年会论文集》。

中对”那又真了不起，这话是什么意思呢！请你考虑一下，考古文化的区系类型，不是个肤浅的课题，如果停在表面，那就一文不值了。譬如，你摸过“大汶口”的材料，一件件地摸过，“排过队”，还分过期。但我要问你：不必讲大汶口文化，而只讲“大汶口遗址”，它的特征性质该如何加以归纳，才能称得起是科学的概括呢？这难道是可以冲口而出的吗？它同其他诸所谓大汶口类型遗址的关系是可以凭印象讲话吗？你不赞成“青莲岗文化江南类型”的提法，不赞成把北阴阳营类型夹在马家浜文化与崧泽中层之间，怀疑马家浜源于河姆渡之说，是有道理的，但这仅仅是概念。概念的东西不等于科学研究的结论，何况，问题的提法也值得商榷。考古既然是科学，不但应该是逻辑的，还应如数学一样，可以摆出像一是一、二是二那样可以一目了然的具体例证。现在的青莲岗文化概念①固然没法讲清楚，提出不同提法的同志同样也讲不清楚。这犹如你说：张三、李四是两个人；他说：张三是张三，李四是李四，不能简化为“两个人”。你看，这样“争鸣”下去，岂不成玩皮球了！

我想，你可能会有个什么笔记本本之类的东西，这是不够的。凭记忆，更是不够。材料积累要有系统，要能消化，食而不化不能变成营养。我看最好是在自己工作范围内能接触到的材料上下点苦功，听说圩墩村过去发掘的资料不在你处，你们手中也没有纸面材料。那么，现在你们挖的两个方是否可留在常州呢？②你提到一处像张陵山的遗址，破坏严重，你单位是否可以

---

① 青莲岗文化是以1951年发现的苏北淮安青莲岗遗址，为了有别于仰韶文化、龙山文化而在1956年考古工作会议上由南京博物院赵青芳建议命名的。曾昭燏、尹焕章在《江苏古代历史上的两个问题》（刊《江海学刊》1961年第12期，后作为《江苏省出土文物选集》前言）作了论述，认为以江苏为主，包括鲁南、浙北、上海、皖东等地区。《文物》1973年第6期发表署名吴山菁的《略论青莲岗文化》（系南京博物院纪仲庆撰写）一文，进一步划分为江北和江南两个类型，江北类型分青莲岗、刘林、花厅三期，下接大汶口文化、龙山文化，江南类型分马家浜、北阴阳营、崧泽三期，下接良渚文化。1977年在纪仲庆撰写的《长江下游新石器时代文化若干问题的探析》一文中，又将两个类型改称为江北青莲岗文化、江南青莲岗文化。这是从单一的仰韶文化、龙山文化系列至区系类型理论创立前考古学实践总结、理论研究的有益尝试和重要探讨。

② 此处指圩墩遗址的第二次和第三次发掘。第二次发掘是南京博物院、常州市博物馆于1974年4～6月联合发掘的，发掘面积625平方米，发现马家浜文化墓葬62座，崧泽文化墓葬1座，发掘简报以吴苏署名刊于《考古》1978年第4期。第三次发掘是常州市博物馆于1978年12月至翌年1月发掘的，开T7801、T7802两个方，发掘面积164平方米，发现马家浜文化墓葬30座，发掘简报刊于《史前研究》1984年第2期。

清理一些呢？你提到那处有玉琮出土的遗址，不知能否挖？[①]总之，在你范围内，在你单位可以活动范围内，就自己做点工作，积累些第一手材料，认真把它消化掉，至关重要。长江是天堑又不是天堑，但徐海地区连接山东。江淮之间如何，在江苏还不清楚。这些问题可以暂先挂着。专说江南，太湖流域、宁镇地区、宁绍平原、浙江西北部都是互有区别的。常州地方同这四者的关系不能简单说同哪一块是一回事。首先是，它自己怎么回事。不管属哪一阶段，如能有一批较成系统一些的材料，好好消化一下，做出科学的概括，就是有所贡献。一地同其他相邻地区之间的对照关系的比较，要按照严格的"同时代法"，也要找"门当户对"的材料，不宜信手拈来，那就是滥用"比较分析方法"了。还有你那里属于所谓出几何形印纹陶的遗址有无较像样的遗址或成宗的材料？值得注意。稿子暂存我手，如此处理，你意如何？

1979 年 3 月 28 日

3 月 21 日信及时收到。我准备今晚（29 日凌晨一点车去西安）就动身，今天抽空给你写信，以免悬念。

你们在圩墩挖的两个"方"，现象很重要。你只说 T7802 分三层，T7801 分四层，但未讲二者是否都已挖到底了？二者的分层是否可以对得上"口"（即如①等于①，②等于②……或不是如此）。

你信中又说起印象：对马家浜本身的延续、早晚如何如何。我坦率告诉你，这工作是像做算数题一样，不是"望气"讲"印象"的。这话不好听，望你三思。你又说起想再去看河姆渡，又说想让河姆渡工作同志去你那里看，我又要向你进一言，如此"交流"意义不大。0+0=0，有什么意思？我没说你对自己的材料认识仅仅是个"0"，我是说，你要对你自己手下材料，特别是"陶片"，要下功夫粘对、复原，做多少算多少，剩下的陶片要下功夫"认识"。这工作没太多的窍门，没捷径，不受"苦中苦"是尝不到甜头

① 这两处遗址指潘家塘遗址和寺墩遗址。前者由常州市博物馆、武进县（今常州市武进区，后同）文化馆清理，主要为崧泽文化遗存，简报刊《考古》1979 年第 5 期。后者由南京博物院发掘，主要是良渚文化氏族显贵墓地，也有崧泽文化遗存，简报刊《考古》1981 年第 3 期和 1984 年第 2 期。

的。怎样算“认识”？是真的认识，不要中过去一些报告中陶片统计表格的“毒”。用“统计表”形式所表达的，用陶色、质地、形式、制作几栏，用数字列出来，这是五十年前的事了。那是过去的事了，不要再重复了，再重复就一文不值了。

再说，对材料的认识，最根本的是，对你自己手下材料的认识，而不是同别处材料的比较。你信中列的对常州附近几处遗址的年代对照关系，这从方法上说是正确的，但只是初步的。下一步是你所认为的“马家浜”不是铁板一块，要分析：到底早晚差别是什么，自己的特征是什么！先不要用其他地点材料套，所谓“比较分析”，首先是自己的比较分析，而不是东比西比。

关于你同子范[①]想写个当年挖掘、整理、编写大汶口报告的“回忆录”或体会、认识的文章[②]，你不妨想想，如果写成个什么东西，倒是对我们写“中国考古学史”有用的参考材料。不妨试试。

1979 年 4 月 16 日

信收到。会议[③]开得顺利，气氛健康。会议内容以成立学会为主，对推动今后学术活动大有好处。特别是相当大区一级的学术活动，估计一年内就有几个大区已初步定了下来，明年清明前后去湖北荆州开学会理事会年会、楚文化讨论会，今夏在长春开东北考古讨论会，在新疆开西北考古讨论会，

---

① “子范”指杨子范同志（1926 ~ 1988 年），山东掖县（今山东省莱州市）人，他是参加开创山东文物事业人员之一，从 1949 年到胶东文物管理委员会工作起，近四十年间，他把自己毕生的精力无私地奉献给山东文物、考古和博物馆事业，取得显著成绩，特别在史前考古方面造诣较深，成绩斐然。他参加了为确立大汶口文化奠定基础的著名的大汶口遗址的第一次发掘，并主持了《大汶口》报告的编写工作，展开了对大汶口文化的课题研究，提出“大汶口文化”命名（参见杨子范:《对山东史前考古的追述与瞻望》,《山东史前文化论文集》，齐鲁书社，1986 年），这一考古课题研究，凝聚着杨子范同志的才智和心血。为山东半岛考古继龙山文化之后又取得的重大突破，为中国考古学的发展做出贡献。

② 陈晶同志随后以回忆录形式撰写了《〈大汶口〉新石器时代墓葬发掘报告编写记述》一文，作为 1982 年 8 月在山东长岛举行的山东史前文化讨论会的论文，经修改后刊于《文物天地》1988 年第 6 期。

③ 指 1979 年 4 月在西安举行的全国考古学规划会议（2 日至 5 日）和中国考古学会成立大会（6 日至 12 日）。苏秉琦先生于 9 日在东南组会上以《关于“几何印纹陶”》一文的观点作了学术报告。10 日在全体大会上作重要讲话，印发了讲稿摘要。讲话的基本观点在随后的《关于考古学文化的区系类型问题》(《文物》1981 年第 5 期）和《建国以来中国考古学的发展》(《史学史研究》1981 年第 4 期）两文中作了详细论述，两文收入《苏秉琦考古学论述选集》。

西南初步拟在广西南宁开会……可能不只这些。

这次会上论文宣读我没参加几次。我在大会报告一次，恰好，手下有多一份，兹寄给你参考。我回京约在五月初。

我但愿你把现在手下圩墩新旧发掘材料自己好好消化一下，以地层关系为依据，用分类学方法，好好分析一下，看能分为几个小的分期（或阶段），典型单位、典型器物有哪些，特别是对那些不能复原的陶片，多下点功夫。

1979 年 8 月 10 日

你从杭州给我的信刚好在我从山西回到北京时收到。这次出去差不多两个月时间，安排得不算紧，去的点多，总希望能“下马看花”，实际上仍是“走马观花”，不无遗憾。

这次西安之会，一个重要收获，我看是继南京、庐山之会[①]，差不多同“大区”相似的范围内同志们借此机会交换意见，回去后准备搞些跨省的学术讨论会，东北、西北、西南、中南都落实了，东南、华北没有。明年的学会年会已决定在湖北开，时间在 10 月底 11 月初，地点或去江陵，最后还要由省里定，学术讨论重点是“楚文化”，当然，其他方面论文也可以。会的规模不大，约在百人以内，有论文的未必能参加，估计参加的人不外理事，一部分单位负责业务的人，少数提出较重要论文的人。西安会议期间我曾同东南几省同志一起座谈，最近一两年内估计将是各自为战，各省自己抓自己重点项目。我想，常州那个圩墩村，还望你：第一，把最初挖的那批材料中的陶片细摸、吃透；第二，以后陆续做点工作，不追求数量，质量第一，自己带着问题动手。我这是针对我国考古现状而发的。诚然，这些年各地新材料、新线索是大量的，但认真检查一下，不难发现，工作不细，已成突出矛盾。在此条件下，问题必然是停在表面现象，深入不下去，有争论的地方

---

① 南京之会指 1977 年 10 月 8 ~ 17 日在南京举行的长江下游新石器时代文化学术讨论会，苏先生在开幕式上讲话，提出“建立马克思主义的中国特色的考古学”，14 日全体会议上以东南沿海地区为题阐述考古学文化区系类型理论，两次讲话的全文刊《东南文化》第 2 辑（1987 年出版）。庐山之会指 1978 年 8 月 24 日至 9 月 3 日在庐山举行的江南地区印纹陶问题学术讨论会。苏先生因病未能参加。他根据会上提供的 33 篇报告和论文，撰写了《关于“几何印纹陶”》的学习笔记，刊于《文物集刊》第三辑（1981 年出版）。

未必是要害处。不管你愿不愿承认是我的学生，我总算有幸我们曾一起较长时间摸过大汶口的一百几十个墓的材料，但遗憾的是，我们既没有深入谈过考古学的基础——方法论，也没有在专门课题范畴内认真讨论过。假如你能在圩墩村这块“风水宝地”多用上些心思，提出自己的看法，那就好了。我的意思是暂不必要东比西比，即使关系密切的如什么草鞋山、马家浜、崧泽等，先不要用框框套，这样才能深入，才能有自己的看法。供参考！

北大考古专业原想招十来个研究生，今年对“分数”要求很高，考生中够格的很少，认真挑一两个也难录取。去年太松了，今年又偏严，宁缺毋滥是完全应该的，从我们这门学科看（其他学科也多类此）用考卷分数做标准，也难得真才。我倒倾向，今后北大除本科生外，不妨办不同类型的如进修班、讨论班等互教互学，尽量把门开大点，不拘一格，不限年龄，不要什么头衔，或许对学科发展，新一代人成长作用更大些。青黄不接，问题严重，重要的还是树一代好学风，廿年来内伤太严重了，在社会学科，历史学科这门最讲老老实实的学科也染上华而不实或只见树木不见森林的走极端的学风，在原材料的“生产”（发掘）这道工序就难令人信服，“双百”方针解决不了内伤带来的一系列问题。“人生易老天难老”，一生工作时间太少了，愿你能“抢时间”，在还能亲自下坑工作期间多做些田野工作，陶片是难消化的，这一关难过，在我们这一代人中还是带着普遍性的问题，希考虑，注意！

1980 年 3 月 1 日

正月初六日信收到。今日元宵，也算吉日，特借此机会，向你表示我对你和你全家最美好的祝愿！

你有考“学位”的壮志，精神可佩！且不管此事能否成为事实，从自己现实条件出发，还是考虑一下自己的治学方向为宜，因为这是“旱涝保收”的。有了方向，就好定课题。有了课题就好规定自己看书、积累资料的范围，再把它同实践（工作）结合起来，以我们这个国家“得天独厚”，钻个小些的范围内的题目，出点成果，比较不难。只有“专”了，才能成“家”。对此不必太拘泥，“万金油”的工作还是应该照做不误。这样，自己钻研，考虑问题，思路就比较清楚了。围绕着江、浙范围找题目，并不难。你们那个圩墩村也不可小看了它。还有，我看你还是应多发挥自己的所长，以弥补自己的短处。譬如，手下书少，就精读一些，活动范围狭窄，就细嚼烂咽，对能得到的材料在充分消化上下功夫。还有，就是在方法论上还有待提高，所谓熟能生巧。

科研道路毕竟是艰而且险的啊！

1981 年 9 月 26 日

看来，你为此文费力不少。去浙江一趟，我认为对你很有好处。“上下而求索”的精神，很佩服。花了两天时间，总算通读一遍。谈些粗略意见，供你修改时参考。

（1）从首页到 27 页像报告不像论文。不能用。

（2）从 27 页（五）行到末尾有点论文味道，但没突出论点，写得啰唆。

（3）可以从三个方面的分析为中心内容：①对太湖流域马家浜文化诸类型的分析；②以罗家角为代表的类型同河姆渡之间的关系；③以圩墩为代表的类型同北阴阳营的关系。就此提出自己的观点。

（4）要论点鲜明，要有必要的（说明问题的）图和中肯的论证。

（5）凡文中提到吴汝祚、吴苏、我的那些指名道姓、引用原文的写法不好。

（6）题目另考虑。

（7）文字估计有五千字上下足够了。

1981 年 10 月 30 日

你寄来信和稿件，我打开抽空看过两遍。提点意见，供你参考。

我意此稿在文字上可再加一遍工，修饰一番，即可付印，送本年度学会，做大会文件分发。

修改稿、题目、论点我看都可以。

只是在论证上，选标本和组织插图上要注意：①论述的逻辑性；②选标本与组织插图上加强对论证的说明性；③对典型器类的描述要具“定义性”，而不要像描述具体器物那样提法。以罗家角四种釜为例：四种应分为两类，筒形与弧腹为一类，其他两种为一类，只需说清楚它们相互之间的基本差异，而不必列举质、色等一般形制特点。同时，在选标本组织插图时要细选典型，画时要强调特点。

此外，在文字上有些欠推敲。例如，谈圩墩同北阴阳营的关系，宜正面仔细阐明自己论点，不需要讲过去某某如何主张，没意义。论文本来就是发挥自己论点嘛，如果重复过去旁人论点，还用写什么论文呢！由此也可再深入一层，凡是你同意某人某一论点也不必在文中谈，而在注中附列即可。再者，在阐明自己观点时反复阐述也就等于是进一步说明为什么自己不同意某另一论点。对不同的论点出自哪里也在注中列举出处即可。

1984 年 9 月 15 日

你好！ 9 月 8 日信收到。使我对于你们要办六市“联展”问题[①]的来龙去脉总算有了一个轮廓了解。我去年建议举行太湖周围地区考古学术座谈会的目的，原是参考我们 1982 年在河北蔚县、1983 年在辽宁朝阳、今年在内蒙古呼和浩特市召开的“燕山南北长城地带考古工作座谈会”的经验和精神提出的。这些座谈会，围绕一个大课题，跨地区，同行学人由自己发起，自愿结合，不是官样文章，不惊动领导，以文会友，每次有一个中心内容，是从学科发展（工作开展）的新生长点来确定的。人数不多（二十人上下），都是第一线骨干，掌握第一手材料，有经验，有问题，有想法，看材料，汇报工作，交流看法，不搞“宣读论文”之类官样文章，会后可发一个纪要。为了工作需要，以上三次我们都邀请了文化局、文物出版社的同志参加。这个会已约定下次在甘肃开，中心内容是甘肃东部近年两个项目工作，一是“大地湾”，二是这一带多种文化交错新发现。看来，一次比一次丰富多彩。对学科，工作进一步发展，从以上三次会成果看都是确有促进作用。

我只举一例，1983 年在朝阳东山嘴（红山文化后期类似“天坛”建筑

---

① 1984 年，为了迎接中华人民共和国成立三十五周年，太湖流域六个市的博物馆——上海自然博物馆和嘉兴、湖州、苏州、无锡、常州的市博物馆筹办了一个“太湖流域古动物、古人类、古文化联合展览”，1984 年国庆节在嘉兴市展出，循序在六个馆各展出三个月。根据苏先生的建议，同年 11 月 14 日至 18 日举行了太湖流域古动物、古人类、古文化学术座谈会，在 17 日的会上苏先生作了《太湖流域考古问题》的讲话，刊于《东南文化》1987 年第 1 期。

址）开会当年就在它附近又发现“女神庙”（比真人还大的高级塑像）和“积石冢”群（以玉器随葬），今年在呼和浩特市开会则确认了呼和浩特市南的河曲两侧距今四五千年前古城址和相当于四千年前后青铜文化（北方青铜文化的西支，即所谓鄂尔多斯青铜文化）大遗址（朱开沟），有相当夏商之际的青铜器。在包头附近不仅有另一自新石器至青铜时代的编年序列遗址，还由大家论证了同东山嘴同类的大型“坛”类基址（石砌）年代也不晚于五千年前，同时甘肃张学正还介绍了大地湾与这些年代相当的一处“神庙”（地面彩画）。这真是一系列连锁反应！

我去年原想以太湖周围、长江下游这一地区考古为课题，以沪、杭、宁三角几个单位联合起来，“轮流坐庄”，每次以一项是“突破性”工作为题，举行“同行”间的学术座谈，类似医院的“会诊”制，这有利于学科发展与工作推动。实际上诚如王熙凤说的“大有大的难处”。沪、宁、杭三“大”间协作确有困难。所以，当我听到你们介绍的消息时，颇有“柳暗花明又一村”之感。

根据你来信介绍的要搞“六市博物馆联展”设想，我试提一个建议：①这一地区古生物化石群可以作为一个专题，以实物为依据，讨论该地区化石同地质时代的生态环境；②这一地区“良渚文化”和“后良渚文化”（即与良渚文化衔接的距今三四千年间古文化）问题。

现在专谈一些第二项的具体做法：①选择典型地点（遗址）、典型堆积、典型单位当中的典型的但又是全面的实物资料作为集中联展内容。②就其所涉及诸学术问题展开讨论，即由每项工作具体负责人介绍材料，介绍看法；互相提出自己意见；不做结论。

此意见关键问题是各地自己的工作，自己心中有数。对原始材料既要求“典型性”，又要求尽可能“全面性”（指对具体单位出的材料要求“全面”，而不是主观任意地选几件），这才能做到有如医院会诊。所以这个“联展”不可能是雅俗共赏，只能是同行评议。这一做法，同目下我们的各种学会、年会等，都不是一回事。以上意见供你和同志们参考，我一切很好，勿念！

1985 年 5 月 28 日

你好！ 5 月 25 日信收到。

这次圩墩发掘[①]如何开展工作，要多费点心思：

（1）工作必须善始善终，保持良好信誉。为此，要在开工前多做些准备工作，“方案”要集思广益，总结一下过去成果，考虑好如何在原来工作基础上，从学术课题、地下遗址分布情况估计，从经济学角度，如何“少投入，多产出”，尽量减少浪费人力。总之，不在于挖多少平方米，而要注意多取得有用的学术资料，好的“文化堆积”层多得到些不同层次的陶片为重要；能在出墓葬的地段找出一片或一组、一排。总之，不是零散的，而是有联系的，反映一定社会关系的“墓群”是重要的；有叠压关系的当然要细心处理好；现场观察到的能粘对复原器物尽量现场处理好，尽早粘对起来。

（2）编写简报、报告要早做准备工作，室内整理工作条件要安排，争取在今冬能把发掘收获摆上架子，按坑位、层次、单位上架。一个单位一个单位地观察分析，器物不离群，每件要填写上墨笔号码。

（3）从一开始，就从工作中物色几个农村知识青年，给他们开课，手把手教，既教他们一些应用知识技能，又培养他们对工作、学科、事业的初步认识。总之，人是劳动力但人更是有思想的、有感情的。求知、求上进是20世纪80年代青年特色，万不可把青年看作单纯的“劳动力”。

（4）常州市是全国知名的。我在福州听他们一位厅长讲，一个福建省产值抵不过一个常州市。我们这项工作从一开始也要考虑到“这次工作”是我们在这样一个“现代化”城市建设中的一个组成部分，是把常州作为一个“历史文化名城”增加光荣的事业。你会知道，旧中国编辑的小学教科书从来是“武进邦”占优势，我国的“大百科”总编姜椿芳就是武进人，绝非偶然！所以，从一开始，就该注意到各社会阶层的人做些必要的宣传工作，把这项工作成果要摆进常州市博物馆内一个重要地位（这不光是从“文物”角度，而是从常州在太湖流域历史地位角度）。

（5）圩墩文化堆积可能以“马家浜”文化阶段为主，但我们认识它，要

---

① 指常州博物馆、中山大学人类学系考古实习队联合申请于1985年下半年发掘圩墩遗址（第四次）。

从“马家浜—崧泽—良渚—后良渚”这样一个年代序列观察它。因此，在这次工作中，要同寺墩遗址工作结合起来思考问题。如有可能，在寺墩试挖少量面积，观察一下它的地层堆积更好。不必作为正式工作，只在老乡取土动土的地方（即使只挖一二平方米小坑也可），找个断面，刮一刮土层，取些陶片也可。

（6）田野工作必要设备，随用随置，该有的，必须有，可有的当然要尽量有，各项记录资料务求正规详备，必要时可以返工，不将就。

1985 年 10 月 21 日

10 月 3 日信由汝祚同志[①]转给我。我是 16 日从辽宁兴城回京的。我准备月底去山西侯马参加一个名为“晋文化讨论会”。我在兴城讲了一次，题为《辽西古文化古城古国》。到侯马可能再谈一次“山西古文化古城古国”[②]，下月十日前会回京。

你的信和你们的三次汇报[③]使我高兴。你提到清理出两座大墓，反映“马家浜—崧泽”和“崧泽—良渚”中间环节。在你那里如条件许可，请把两墓全部器物画草图给我看看，看是否那么一回事？

还有，发现的洼坑中出大量印纹陶片，说是西周—春秋时期的。我想问你，是否含有如上海马桥四期的那类印纹陶？最好你稍翻检一下这些标本，拓印给我看看。

---

① 吴汝祚，中国社会科学院考古研究所副研究员，从事黄河中下游、长江下游的新石器时代考古学研究，主持编著《胶县三里河》，撰有论述大汶口文化、太湖原始文化及其他古文化的一系列论文。

② 1985 年 10 月 13 日苏先生在辽宁兴城座谈会上作了题为《辽西古文化古城古国》的讲话，提出了当前田野考古工作的重大课题，刊于《文物》1986 年第 8 期。1985 年 11 月 7 日至 9 日在山西侯马举行的晋文化研究座谈会上，苏先生作了《谈“晋文化”考古》的讲话，刊于文物出版社成立三十周年纪念的《文物与考古论集》。

③ 指 1985 年 9 月 20 日至 11 月 17 日由常州市博物馆、中山大学人类学系主持的圩墩第四次发掘，发掘面积 500 平方米，发现马家浜文化墓葬 35 座，崧泽文化墓葬 4 座（内 M121、M134 两座大型墓随葬品有 30 余件），印纹陶大灰坑一个，以及马家浜文化早期的稻米、兽骨、橹形器、船桨以及众多的木器、骨角器。

1986 年 2 月 28 日

昆明会议①，你我一样，都算特邀代表。你汇报圩墩发掘，要求是，拣重点，生动活泼些，“一新耳目”，会产生些影响，一反老生常谈式的“豆腐账”。重点也者，一是课题领先（太湖流域古文化）；二是多学科，大协作；三是“开放型”，不是一家一户的独资经营；四是作为纪念良渚发现五十周年学术活动的一项具体内容；五是把 1984 年 11 月的嘉兴联展座谈会作为“引子”（开场白），这就会使到会的衮衮诸公不能不“刮目相看”！江苏经济政策先出“五虎”（苏、锡、常等五市），继又出“五霸”（以乡镇企业出名的五个县）。以常州为首的江浙环太湖六个市、地区属博物馆也可说在文博系统中又带了一个头。既要想干些事业，就不可“妄自菲薄”，我看你们算是有些气派的，客观上虽还不免是“小媳妇”地位，上有公婆，但摆在同行中，谁也不比谁低一头！你想想看，是不是如此？我想谁也不会把你们的工作看“扁”喽！内蒙古的敖汉旗出了个邵国田领队搞普查，十来个地方（县级）小青年，用了二三年时间，花了五千来元钱，查出三千多处地点，资料齐全，摆出“红山—夏家店下层”等分布规律，还提出赵宝沟、兴隆洼两种新的文化类型，又与红山、富河并列。起始，别人有些不信，开过现场会，庄敏局长又亲自验查核实，大家还不都心服口服？

圩墩的整理编写报告还有待下一步努力冲刺，我先告诉你，万不可气馁，时刻不要忘记一点，要走自己的路，新路。细节，边走边研究，大纲现在就可拟定，而且决不拖拉，按期完成。这“大纲”等面谈再拟定。要求你在来京前把下一步工作的参加单位、人头先列出来，看看还有没有不够落实的，尽早敲定下来！

纪念良渚五十年，我们的准备主要是两项内容：①圩墩报告；②五十年来太湖流域古文化考古综述。五十年考古综述以你 1984 年嘉兴会上谈话为纲，应突出大事、大课题，着重阐明对太湖流域古文化通过工作、积累材料、研究，认识的逐步深入，现在的工作目标。再说明一点，以阐明“马家

---

① 昆明会议，指 1986 年 3 月在云南昆明举行的全国考古发掘与文物普查工作会议。1985 年圩墩第四次发掘在会上做了汇报。苏先生作了《谈课题》的重要讲话。

浜—良渚—古吴越（或后良渚）”的有机联系与分布、阶段转折为核心内容，删繁就简，但又要求形象生动、逻辑性强。

1986 年 7 月 31 日①

“初稿”已理出头绪，第二步加工要在理论上提高一步。

关于太湖流域古文化的认识史，要点如下：

五十年两次起步（良渚遗址的发现—太湖古文化序列的认识），一个时期的结束（五十年的成果要有足够评价）。现在处在新时期的起点。

提高一步的关键是，首先明确一个课题（犹如一个学科）的认识史等于方法论的发展史。考古发现材料、工作积累经验只是条件，没有方法论的提高就没有学科的突破性进展，新时期也失去意义。

第二次稿不是在初稿基础上修改文字，是需要一个问题、一个问题地弄清楚，类似“实践—理论”在认识上升一级。

（1）从良渚遗址发现初看作“龙山文化”到把良渚文化区分出来，是怎样区分的？究竟认识到什么程度？

（2）关于“大青莲岗文化”问题的认识基础：尹、曾等认为“鼎、钵”就是青莲岗文化。认识到北阴阳营、河姆渡、淮安青莲岗都应从太湖流域古文化的“马家浜－罗家角”区分开。这是怎么回事？

（3）马家浜—崧泽—良渚的文化序列的认识过程及其意义？

（4）“崧泽文化”提出的意义？

（5）太湖东北侧、西南侧两半块马家浜文化的区分依据是什么？意义？

（6）良渚文化遗址近年几项重大发现的意义？

（7）“太湖流域古文化”作为考古学新课题的理论意义？

（8）新时期（起步）的目的与任务？方法论上的要求？

罗列如上。不必按次序。要一个个地从具体材料、参考文献、事实上弄

① 这是苏先生写给陈晶、冯普仁两同志关于总结太湖流域五十年新石器时代考古历史的一封信，实际上是一份进行这一课题研究的详细思考提纲。在 1984 年 11 月嘉兴会议开幕式上，陈晶同志代表会议组织各单位在讲话时回顾了太湖流域考古的历史。苏先生建议以此为题总结考古学实践的经验，后由陈晶、冯普仁共同于 1986 年 6 月写成《太湖地区新石器时代考古五十年》初稿，苏先生看后认为“要在理论上提高一步”，写了此信进行具体指导。

清楚，要对照器物图作些分析，要有自己观点。然后再重新考虑文化的逻辑顺序，试试看。几个“老鼠”① 凑到一起，会慢慢开窍的。

1986 年 10 月 17 日②

你们好！我去沈阳开会，会后参观，又去兴城疗养院小住，10 日从兴城返京后，首先接社科院发来定于 10 月 29 日 ~ 11 月 4 日开“全国哲学社会科学‘七五’规划会”通知，随后收到浙江省文物局发来下月初纪念良渚五十周年会邀请信。我已给浙江省文物局信，向会议祝贺。

这次纪念良渚会事，我是完全赞成的。考虑到你们几位为此准备文章，原为从学术工作实际出发，把五十年来，从一个良渚遗址的发现，到今天对环太湖地区古文化的宏观认识，正从一个侧面反映了中国考古学科五十年来的发展。所以，这项活动既关系到太湖地区考古的总结性回顾与展望，又是一项具有典型性的全国当代考古方向的问题。

召开一次纪念会，大家拿出些文章，并不困难。难的是要真正反映出对这一认识的科学论证。我原来的设想，曾和你们分别谈过，或通过信息。我知道，此事有它的现实条件，不是高不可攀的难题。我也知道，落实下来，能做到大家想在一处，突出我们的学术观点和目的，这需要有一个反复过程，不是能一次成功的。所以，我原想大家先有一个初稿，就算完成了一半工作，下边还有一半，需要几个人在一起研讨、修改、定稿的过程，才不致成为“应景文章”。

---

① 1985 年春，陈晶同志邀约冯普仁、黄家洪、汪遵国三同志到常州整理嘉兴会议记录，撰写会议纪要。四人皆生于 1936 年，丙子年，生肖属鼠，故戏称几个“老鼠”。1936 年是发掘良渚遗址，发现良渚文化的一年，苏先生题照又称“良渚文化同龄人”。

② 这是苏先生写给陈晶、牟永抗、汪遵国、冯普仁四同志关于纪念良渚文化发现五十周年学术讨论会的一封信。苏先生曾亲自或通过吴汝祚同志同江苏、浙江、上海一些从事考古的同志谈过，以各自的具有多层堆积的典型遗址（例为草鞋山、圩墩、罗家角、邱城、崧泽、福泉山等）出发，弄清考古学文化的具体发展序列，并写成论文。由于发掘、整理、认识有一个反复过程，短时期未能达到预期目标。因而 1986 年 11 月 3 日至 6 日在杭州举行的纪念良渚文化发现五十周年学术讨论会上，提出的廿多篇论文和讨论的主要内容只限于良渚文化，但会前发现的反山良渚文化显贵墓地使这次学术讨论会气氛热烈，内容丰富，取得了成果，发生了重要影响。此信和附录是给浙江省文物局的信，反映了苏先生对太湖流域新石器时代考古的总体设想。

现在会期迫近，我看只好先应付一下，走个过场，即你们可以写个提纲式的短文凑数。等你们初稿就绪，再到一起来共同商讨基本论点、论证问题。

我是这样想，此事我们一定善始善终，期其必成。没有什么克服不了的困难，条件成熟了，你们也都成熟了。重点无非是善用材料，明确观点，大家只要凑到一起，容易解决。我们这几年在长城地带的学术活动，可供参考。学科的发展原本不是谁个闭户造车杜撰的。关键在“水到渠成”。太湖流域和我们最近倡导的环渤海考古一样，都已是成熟的课题，不是凭空想象出来的。

这次纪念良渚活动能得到上海、南京、杭州三方面合作支持，是个良好开端。我这个分为两步走的意见，是从实际出发，欲速则不达，想来可以得到大家理解。搞行政领导的同志，不一定了解此中甘苦，要把道理讲清楚，会得到谅解的。

1986年12月25日[①]

9点去文物局开会（讨论安阳市拟建遗址博物馆问题），不能等候你们面谈。有几点意见请你们考虑。

（1）《编者的话》稿[②]请细读，帮助了解我们近年的主要学术观点。是我们提出“太湖地区古文化”的出发点，是走新路，不是写报告、写论文、写书，是开拓学科新领域，要从改变旧学术观念出发。从中国文明起源、从社会历史发展的辩证法分析考古材料。不急于求成，但必须有新意。

（2）普仁写的《石棺墓》[③]已有很好的基础，但还要进一步考虑，它是在当地“古越文化”基础上发展起来的，带有明显太湖地区进入广大范围的

---

① 1986年12月，陈晶、冯普仁两同志到北京就修改《太湖地区新石器时代考古五十年》以及太湖地区考古学研究请教苏先生。先后谈了三次，最后约定25日上午再谈一次，因文物局开会不能面谈，苏先生在办公室给他们留下这封信。

② 《编者的话》稿，指苏先生1986年12月22日为由他主编而准备连续出版的《考古学文化论集》写的前言。见文物出版社1987年12月出版的《考古学文化论集（一）》。

③ 冯普仁《试论吴国石室墓》，见江苏省吴文化研究会于1986年为纪念苏州建城2500年而编辑的《吴文化研究论文集》，中山大学出版社1988年8月出版。

一致色彩，比前时期社会有所提高的一个新阶段。这一观点要从微观角度进行更深入一步的分析，上下左右结合地来看，从动态中看它是否深刻地影响着后来历史时期“吴越”地区文化传统的发展，譬如说，对“六朝”时期文化的影响。总之，此文还大有可以发挥提高的余地。

（3）《太湖地区古文化》一著的基本框架是：①从理论上阐明对它的认识的几个阶段，从“史”的角度、“方法论”的角度，而不是简单地摆事实，要讲点辩证法。②现阶段对太湖地区古文化的认识，分三片，各自成章，突出自己的特点、发展道路，特别是两个转折阶段的分析（马家浜—良渚，五六千年间；良渚—吴越，二三千年间），三个主要阶段的辩证分析（即着重从动态中分析其特征、质的定性）。这一步要从现有具体材料着手。

这些想法，可在实践中尝试，边实践，边思考，得出自己的具体看法。

（4）与遵国、永抗通气，可谈你们对《编者的话》一文的理解以及我们交换意见大致内容，仍作为初步设想。总的精神是，如《编者的话》中所说的，我们希望要迎着时代的精神上，而不愿墨守旧套套，引用总书记的话“一是向上攀登（宏观），二是向下深入（微观）”。大家共同商讨、共同提高，这是我的衷心期望。

说到底，观念的改变对任何人说，都不易。大家交换意见，也不可能立竿见影。但我认为有些基本观点，原则上沟通，也不难。

你二位，我看旧框框少些，是一大优势。要发挥这一包袱轻的优势。

希望你二位多找机会互相交换意见。

牟永抗、汪遵国二位为良渚会写的文章[①] 我读过，认为他们谈得都很深。但我觉得如我能再多看些他们经手的材料，我们会有很多的共同语言可谈。

1986 年 5 月 7 日

你好！4 月 11 日信及附来文稿复印件[②] 及时收到。看过了。很好，突出

---

① 牟永抗、刘斌《论良渚》，汪遵国《论良渚文化》，系纪念良渚文化发现五十周年学术讨论会论文（未发表）。

② 指陈晶同志根据圩墩第四次发掘情况写的《发掘工作中多学科的合作研究》一文，刊《中国文物报》1988 年 8 月 12 日文物研究专栏。

了圩墩考古有它自己的特色，也算难能可贵了。

但我依然怀疑，到底圩墩是怎么回事？现在《崧泽》报告[①]已出，可对比一下，崧泽—圩墩，二者有没有一些质的差异，还是“一丘之貉”？要有个明确的答案。这是我的期望！

检出《瞭望》15 期、《中国文物报》复印件两份[②]留作参考。

11 日准备去山东临淄开“环渤海”会[③]，约一周可回。

（原载于《辽海文物学刊》1989 年第 2 期，题为《考古学简札——苏秉琦先生给陈晶同志的信》，由汪遵国同志整理并注释，后收入《华人·龙的传人·中国人——考古寻根记》，辽宁大学出版社，1994 年）

---

① 《崧泽——新石器时代遗址发掘报告》，上海市文物保管委员会编著（黄宣佩、张明华主编），文物出版社 1987 年出版。上海市青浦县崧泽遗址是太湖地区新石器时代典型遗址之一。该书系统介绍遗址的文化层堆积，全面叙述中层发现的被命名为崧泽文化的 100 座墓葬，并对上承马家浜文化下启良渚文化的崧泽文化的特征、分期作了分析探讨，是研究太湖地区原始文化的重要资料。

② 殷金锑：《考古界泰斗苏秉琦谈中国考古事业的发展》，《瞭望》（周刊海外版）1988 年 4 月 11 日（第 15 期）；苏秉琦：《中国考古学从初创到开拓——一个考古老兵的自我回顾》，《中国文物报》1988 年 4 月 15 日第 3 版。

③ “环渤海”会，1988 年 5 月 12 日至 16 日在山东省淄博市召开的环渤海考古第二次学术座谈会，苏先生作了《环渤海考古与青州考古》的学术报告，刊于《考古》1989 年第 1 期。

谈“琮”及其在中国古史上的意义

张光直

“琮”是中国古代经典里面提到过的一种玉制器物。《周礼·大宗伯》：“以玉作六器，以礼天地四方：以苍璧礼天，以黄琮礼地……”；《典瑞》：“驵圭璋璧琮琥璜之渠眉，疏璧琮以殓尸。”《考工记·玉人》：“璧琮九寸，诸侯以享天子……璧琮八寸，以覜聘；……驵琮五寸，宗后以为权；大琮十有二寸、射四寸、厚寸，是谓内镇，宗后守之；驵琮七寸……天子以为权……瑑琮八寸，诸侯以享夫人。”这里面所说的琮是什么样的器物呢？《说文》解琮曰：“瑞玉，大八寸，似车釭。”《白虎通·文质篇》曰：“圆中牙身方外曰琮。”在古器物学上首次把琮这个名称和实物对照起来的，是清末的吴大澂（1835～1902年）。他在《古玉图考》（1889年）里面列举了三十一件器物，称之为“琮”、“大琮”（图一）、“黄琮”和“组琮”。其中三十件所共有的特征，是外面方里面圆的柱形，好像方柱套在圆筒的外面，但圆筒较长，上下两头都露在方柱外面。圆筒内是空的，上下穿通。琮的外表，有的光素，有的有纹饰，后者作几何形或几何化的兽面形。这种短长不一、外方内圆的筒形玉器就是经典中的琮的这个说法，今天讲古玉器的人一般是没有异议的。

传世玉琮的时代一直不明。吴大澂用《周礼》《说文》为琮定名，意指为周汉时代器物。郭宝钧在1949年综合研究田野考古发现的商周及史前的玉器时，未列玉琮。据他的推论，古代的琮是“织机上提综开交之物”，本是木制，传世玉制品中之长大者，是汉人之仿制①。美国的罗越（Max

① 郭宝钧：《古语新诠》，《“中央研究院”历史语言研究所集刊》第20本下册，1949年，第42页。

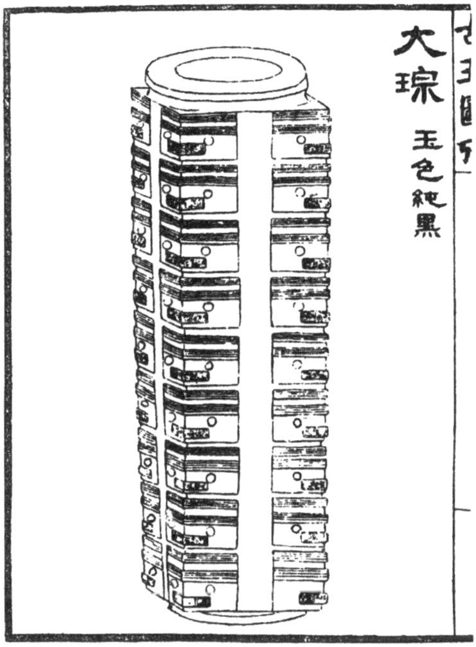

图一　吴大澂《古玉图考》中的大琮

Loehr）在 1975 年出版的哈佛大学福格美术馆所藏中国玉器图录中著录了玉琮七件，其中二件他断代为商，余五件为西周、西周晚期，或东周[①]，这是把琮的年代提早到了商代。商代考古遗址出土的琮，以 1976 年妇好墓出土的十四件为著[②]。殷墟之前，则近年考古已将玉、石的琮上溯到新石器时代。出土最多的是浙江北部和江苏南部的良渚文化，而在山西龙山文化的陶寺遗址、安徽潜山薛家岗文化遗址，以及广东曲江石峡遗址也有石、玉琮的发现。事实上，良渚文化中的玉琮在 20 世纪 30 年代即已出土，但其年代和文化层位则要等到 1973 年吴县草鞋山良渚文化地层发掘后才得确认[③]。由于这些遗址的发掘，玉琮最早年代现在已可追溯到公元前 3000 年以前。

琮的用途和功能，一直是古器物学上最大的难题之一。根据《周礼》中

① Loehr Max, Huber Louisa G, Fitzgerald. Ancient Chinese Jades, Fogg Art Museum. Cambidge: Harvard University, 1975.

② 中国社会科学院考古研究所：《殷墟妇好墓》，文物出版社，1980 年，第 115、116 页。

③ 汪遵国：《良渚文化“玉敛葬”述略》，《文物》1984 年第 2 期。

的记载，“玉琮在祭器的范畴中，是祭地的礼器，在瑞器的范畴中，是女性贵族的权标”[①]。即使《周礼》所记是正确的，它也适用于周汉之间，新石器时代与商周的玉琮的用途未必相同；而且我们还必须了解琮的形状与它的用途之间的关系。照邓淑苹的撮述，近年有关玉琮诸家各有异说：

> 安克斯（Erkes）认为琮乃象征地母的女阴，并以其上驵纹近似坤卦。高本汉（Berahard Karlgren）以为琮为宗庙里盛“且”（男性生殖器象征）的石函。吉斯拉（Giesler）以为琮为家屋里“中霤”即烟筒的象征，为家庭中祭拜的对象。郭宝钧认为琮的前身为木质，乃织机上持综翻交者……那（志良）曾以为琮为方瓒的扩大。林巳奈夫教授主张琮起源于手镯[②]。

邓氏自己的看法，则“推测琮是在典礼中套于圆形木柱的上端，用作神祇或祖先的象征”[③]。

究竟对这许多说法应当如何判断？我们不妨将过去各种说法暂且抛开不论，而把有关玉琮的已知的事实现象拿出来客观地检讨一下，并将这些现象在现在对中国古代文明发展史的知识的基础之上，作一番比较全盘性、比较有机性的考察。我相信我们目前已有足够的资料把琮的意义相当可靠地阐明了。阐明之后，我们可以很清楚地看出来玉琮在中国古史研究上有决定的重要性。

关于琮这种器物的事实现象，其显而易见的有这几点：①它们是外方内圆的；②它们是从中贯通的；③它们表面常常饰以动物面纹，也有有鸟纹的；④它们多用玉制，也有石制的；⑤它们出土在墓葬里面。下面不妨就这几项事实将玉琮的意义试加讨论：

---

① 中华五千年文物集刊编委会：《中华五千年文物集刊 · 玉器篇 · 一》，台北，士林，1985 年，第 186 页；周南泉：《试论太湖地区新石器时代玉器》，《考古与文物》1985 年第 5 期。

② 中华五千年文物集刊编委会：《中华五千年文物集刊 · 玉器篇 · 一》，台北，士林，1985 年，第 186 页。

③ 中华五千年文物集刊编委会：《中华五千年文物集刊 · 玉器篇 · 一》，台北，士林，1985 年，第 163 页。

（1）把琮的圆方相套的形状用“天圆地方”的观念来解释，由来已久。滨田耕作说，“琮在初始，或是一种有圆孔方柱形的实用品，以后偶然生出以内圆象天外方象地的解释，终则确定它作为地的表号，乃在外方柱上雕刻易的四象、八卦，以加深其替象的意义”①。“内圆象天外方象地”这种解释在琮的形象上说是很合理的，但后人受了《周礼》中“以苍璧礼天、以黄琮礼地”之说的束缚，只往“地方”一方面去捉摸。如那志良提出的疑问：“祭天的礼器，仅用象征天圆的璧就够了，祭地的礼器，何必既象‘地方’，又象‘天圆’呢？”②可是琮的实物的实际形象是兼含圆方的，而且琮的形状最显著也是最重要的特征，是把方和圆相贯串起来，也就是把地和天相贯通起来。专从形状上看，我们可以说琮是天地贯通的象征，也便是贯通天地的一项手段或法器。

中国古代的哲学自三代以前开始一直到战国时代及其以后，显然经历了许多变化，包含许多学派。但研究中国思想史的学者承认中国古代宇宙观有若干共同的基调③。“天圆地方”便是这种共同基调的一个重要成分。甲骨文中的天字，常在人的头上顶着一个圆圈或圆点，使人推想商代已有天圆之说。《易》曰：“乾为天、为圆。”《楚辞 · 天问》：“圜则九重，孰营度之？”周汉古籍中屡见“天道曰圜”这一类的词句。地为四方，则卜辞中四土、四风等观念更清楚地表示出来，对此《周髀算经》里有两段很重要的文字④：

> 请问数安从出？商高曰：数之法出于圆方。圆出于方，方出于矩，矩出于九九八十一。故折矩以为句，广三，股、脩四，经、隅五。既方外外丰之一矩，环而共盘得成三四五，两矩共长二十有五，是谓积矩。故禹之所以治天下者，以数之所生也。
>
> 请问用矩之道。商高曰：平矩以正绳，偃矩以望高，覆矩以测深，卧矩以知远，环矩以为圆，合矩以为方。方属地，圆属天，天圆

① 那志良、王循诒译：《有竹斋藏古玉谱》，台湾中华书局，1971 年，第 51 页。

② 那志良：《石器通释》上册第一分册，香港开发公司，1964 年，第 27 页。

③ 杜维明：《试谈中国哲学中的三个基调》，《中国哲学史研究》1981 年第 1 期，第 19 ~ 25 页；Mote F W. Intellectual Foundations of China. New York: A A Knopf, 1971.

④ 我意识到《周髀算经》的重要性，是经袁德星（楚戈）先生提示的，特此表示感谢。

> 地方。方数为典，以方出圆，笠以写天。天青黑、地黄赤，天数之为笠也，青黑为表，丹黄为里，以象天地之位。是故知地者智，知天者圣。智出于句，句出于矩。夫矩之于数，共裁判万物惟所为耳。

第一段中讲到圆方为万数之本，而圆出于方。第二段中讲到圆方均出于矩。使矩的专家，也就是能使用曲尺画方画圆的专家，便是能够掌天握地的专家："知地者智，知天者圣"；能掌天握地的巫因此具备智人圣人的起码资格。甲骨文中的巫字作╳，即两个I相套。《说文》："工、巧饰也，象人有规矩也，与巫同意。"金祥恒《续甲骨文编》[①]把甲骨文的巫字排在"巨"字下，引《说文》："规巨也，从工象手持之。"这都明确指出了巫与巨的关系，也就说明了甲骨文中巫字的来源，即巫是使矩的专家，能画圆方，掌握天地。

（2）巫的本身首先能掌握方圆，更进一步也更重要的是能贯通天地。《国语 · 楚语》解释《周书 · 吕刑》上帝"命重黎绝地天通"故事，详述巫觋的本事和业务，是"神降之嘉生，民以物享"；民神之通亦即地天之通。颛顼命重黎绝地天通，于是天地之通称为统治阶级的特权[②]，而通天地的法器也便成为统治阶级的象征。《周礼》说"黄琮礼地"，所以历来谈琮的人多忽略了琮兼具天地的特形。方器象地，圆器象天，琮兼圆方，正象征天地的贯串。

（3）巫师通天地的工作，是受到动物的帮助的，所以作为贯通天地的法器上面刻有动物的形象必不是偶然的。《左传》定公三年："昔夏之方有德也，远方图物、贡金九牧、铸鼎象物……用能协于上下以承天休。"便是明指礼器上的动物功能是用来"协于上下"的。关于动物纹样在古代礼器上的这项功能，另文已有详述[③]，此处便不再重复了。《道藏》里面录了一篇《太上登真三矫灵应经》，其中讲龙虎鹿三矫，能助修道之士"上天入地，穿山入水"，很可能代表这种远古时代巫师与动物使者之间的关系，以虎矫为例：

---

① 金祥恒：《续甲骨文编》卷五，艺文印书馆，1959 年，第 4 页下。

② 杨向奎：《中国古代社会与古代思想研究》，上海人民出版社，1962 年，第 162、163 页。

③ 张光直：《商周青铜器上的动物纹样》，《考古与文物》1981 年第 2 期。

> 凡用虎蹻者，先当斋戒七日，于庚寅日夜半子时立坛，下方上圆，地方一丈二尺，天圆三尺，用灰为界，道上安灯七盏，香一炉，鹿脯七分，白茆草一握。安排了当，然后焚香告祝……将玉帝印一道含于口内后念咒……咒毕清心守一，屏除外事，鼻息绵绵，心思注想，白虎一只从西而来到坛上……满六十日，自有虎一只来于胯下……游太空及游洞天福地，精怪外道不敢相干，到处自有神祇来朝现。

这套仪式的成分，有地方、天圆、白虎，而白虎是来帮助修道的人贯通天地之隔的。其中的观念与仪式的内容都与玉琮的成分若合符节。

（4）玉琮用玉作原料，很可能暗示玉在天地沟通上的特殊作用。玉在古代虽然在山水中都有发现，它与山的关系显然是特别密切的。《山海经》索引中“玉”一共出现了一百三十七次，其中一百二十七次是与山相结合的，多指某某山多金玉，多玉，或其山之阳或其山之阴多玉[①]。这一百二十七个遍布东南西北山海诸经，可是我们知道中国海内外四方的山上不都是出玉的，所以玉与山在《山海经》中的结合，很可能只是表示玉在诸山中的使用，或以玉为山的象征。按古代的山也是神巫沟通天地的大道。《山海经·海外西经》：“在登葆山，群巫所从上下也”；《大荒西经》：“有灵山，巫咸［等］十巫从此升降。”《海内经》：“有山名肇山，有人名曰柏高。柏高上下于此，至于天。”神山是神巫上下天地的阶梯，则为山之象征成为山石精髓的玉作为琮的原料当不是偶然的。

（5）在良渚文化的墓葬里，玉琮屡有发现，其中较重要的有常州寺墩3号墓，吴县草鞋山198号墓和上海福泉山6号墓。玉琮在这几个墓葬中出土的情况，是从考古学上看玉琮性质最好的资料。

1）寺墩[②]。江苏常州寺墩两个良渚文化的玉器墓葬系1979年发现，1982年发掘的，其中M3尤为重要（图二）。“该墓无墓坑，无葬具，系掩土埋葬，头向196°，为仰身直肢葬。人骨架保存头骨、肢骨残块和趾骨，股骨有明显的火烧痕迹。骨架长约1.55米……为一年龄二十岁左右的青年男性。随葬品有陶质生活用品、玉石质生产工具、玉质装饰品、玉制礼器璧琮等，

---

① 张明华：《山海经名物索引》，《山海经校注》，上海古籍出版社，1980年，第14～16页。

② 南京博物院：《1982年江苏常州武进寺墩遗址的发掘》，《考古》1984年第2期。

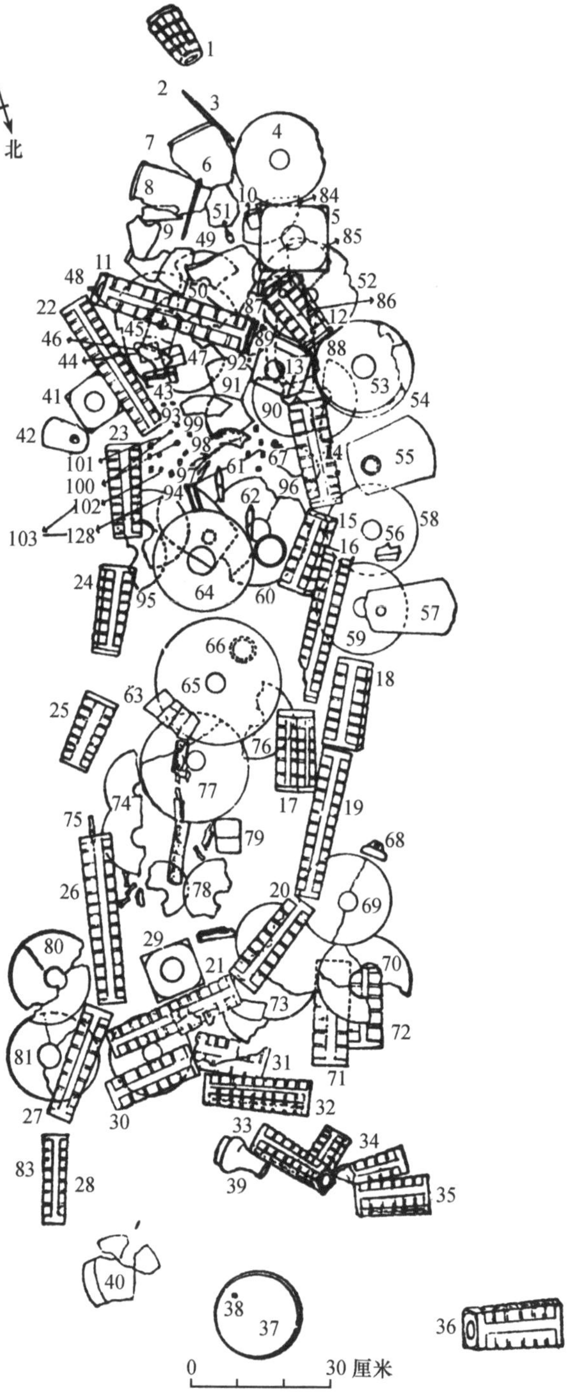

图二　寺墩 3 号墓平面图
（采自《考古》1984 年第 2 期）

共一百多件。”玉制璧琮共五十七件，其中“玉琮三十三件，一件镯式玉琮置头部右上方，三十二件方柱形玉琮除置于头部正前方的一件和脚后的四件外，都围绕人骨架四周。值得注意的是，玉璧中一件碎为数块的达二十一件，而其中的十三件又有明显的经火烧过的痕迹；玉琮中分为两截或两半的仅五件，也有八件有明显的经火烧过的痕迹……上述这些现象，说明在葬地曾举行过某种敛葬的宗教仪式。其过程是：先于死者葬地的头前和脚后铺上各十余件玉璧，然后放火燃烧，等火将灭未灭时，将死者安放于葬地，再围绕四周放置玉琮，并在头前脚后放置陶器和其他玉石器，而将最好的两件玉璧摆在死者的胸腹之上，然后覆土掩埋”。

三十三件玉琮除一件为镯式外，均为方柱体圆管形，外方内圆，二头一大一小，大头在上，表面皆有兽面纹，以凸棱构成嘴、眼和鼻子（图三，1、4、5）。

2）草鞋山[①]。吴县草鞋山遗址早在1956年便已发现，但发掘工作是1972～1973年才进行的，共发掘出来墓葬二百零六座，另有居住遗迹和十一个灰坑，分属马家浜、崧泽和良渚文化层。良渚层中M198的随葬器物分为三组，似属于一个男性墓葬和附葬的两个女性二次葬。第一组器物属于男性墓葬，有玉琮三件，似在头部。第二组属于女性，有玉琮一件。第三组亦属于女性，没有玉琮。这是玉琮在良渚文化遗址中最早发掘出土的一批。

3）福泉山[②]。上海青浦福泉山良渚文化墓M6是1982年发掘的，未见墓坑，可能有葬具，人骨头向正南，似为仰身直肢。“墓内随葬器物丰富……胸部右侧有……小玉琮二件……右臂骨……旁有玉琮一件……右下肢骨……右侧堆放……玉琮二件。”五件玉琮分为两种。三件短筒形，上大下小，内圆外方。“琮面以减地法凸出四块方座，并以四角为中线各刻一组兽面纹，上端有两组凸起的横棱，四角各有一只飞鸟。”（图三，8）另二件为长筒形小琮，也有凸起的兽面纹。

从这几个墓葬的出土情形看，玉琮是一种不一定有固定位置并且可以持配的礼器。它们像后代的铜器一样在埋葬时作为葬仪的一个部分，同时也必

---

① 南京博物院：《江苏吴县草鞋山遗址》，《文物资料丛刊3》，文物出版社，1980年。

② 上海市文物保管委员会：《上海福泉山良渚文化墓葬》，《文物》1984年第2期。

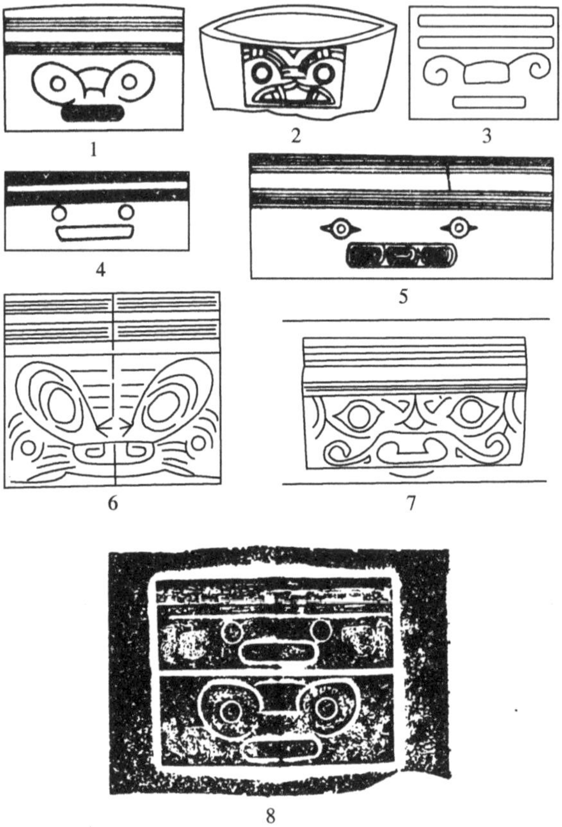

图三　良渚文化出土玉琮面纹

1、4、5. 寺墩　2. 张陵山上层　3. 吴兴杨府山

6. 草鞋山二层　7. 广东石峡文化　8. 上海福泉山

有象征的意义。草鞋山遗址良渚墓葬的报告者说：“玉璧、玉琮是祭祀天地的礼器，占有这些礼器的人，应掌握有特殊的权力。”① 这个结论是与出土情况相符合的。结合上述有关玉琮本身性质诸特征来看，我们很清楚地看到在良渚文化社会中有权力有财富的人物，使用有兽面纹（图三）、内圆外方的玉琮，亦即使用贯通天地的法器，作为他们具有权力的象征。从太湖区域新石器时代文化的发展看来，自马家浜时代开始玉器便普遍出现，但玉琮的出现则要等到良渚文化时代。良渚文化以及与良渚文化同时的各地的龙山文化，是中国古代文明发展到有特权人物出现的时代。这时代普遍有了财富分

① 南京博物院：《江苏吴县草鞋山遗址》，《文物资料丛刊 3》，文物出版社，1980 年，第 12 页。

化、生产分工、战争掠杀的考古证据。玉琮在良渚文化以及在其他龙山类型文化中的出现[①]。在时代上说不是偶然的现象而是与社会发展阶段有密切关系的。寺墩3号墓所埋葬的青年男子很可能便是良渚文化中的一个巫师，同时也是政治权力的一个领袖。

由玉琮上所见的良渚文化的巫术成分以及巫术与政治的结合，并不是良渚文化和同时的龙山文化所特有的。其若干部分在时代上可以向上追溯，也可以向下看它进一步的发展。萨满式的巫术，即巫师借动物的助力沟通天地、沟通民神、沟通生死，在人类历史上源流久长，从考古学上所看到的证据至少可以追溯到旧石器时代的晚期。中国新石器时代中，北方仰韶文化的彩陶上有若干与巫术有关的图像（图四）。半坡遗址出土的彩陶盆上常见的带鱼形的人面（图四，1），很早便有巫师形象的说法[②]，《山海经》中所描写的巫师常常“珥两青蛇”，令人想到半坡巫师“珥两鱼”的可能性。甘肃半山彩陶中安特生氏曾报告过一个“爱克斯光式”或“骨骼式”的人像

1

2

3

图四　中国北方新石器时代若干巫性美术

1. 半坡　2. 半山　3. 青海柳湾

① 其中最重要的是山西襄汾陶寺墓地出土的石琮和玉琮，见中国社会科学院考古研究所山西工作队、临汾地区文化局：《山西襄汾县陶寺遗址发掘简报》，《考古》1980年第1期；中国社会科学院考古研究所山西工作队、临汾地区文化局：《1978～1980年山西襄汾陶寺墓地发掘简报》，《考古》1983年第1期。

② 张光直：《中国远古时代仪式生活上的若干资料》，《“中央研究院”民族学研究所集刊》第九期（1960年），第253～270页。

（图四,2）[①]，而且青海柳湾马厂期的彩陶中有一个兼具阴阳性器的浮塑人像的陶瓮[②]（图四，3）。根据现代民族里面萨满教和萨满艺术的研究，我们知道所谓“爱克斯光式”绘制人兽的方式和“阴阳人”的形象，都是萨满式美术中广见的母题[③]。从这些证据看来，巫术在仰韶文化中当是盛行的。同时，在南方的河姆渡文化遗址里，有不少刻有鸟形图案与鸟形形象的象牙和骨制的美术品发现。这显然是良渚文化玉琮上面的鸟的前身。以鸟为天地之间来往的媒介，在殷墟卜辞中“帝史凤”这种说法上已有明证，而且在中国东海岸的古代神话中，鸟要占有特别显著的地位[④]。《左传》昭公十七年，“郯子云：我高祖少皞挚之立也，凤鸟适至，故纪于鸟，为鸟师而鸟名”。《山海经》记四方有使者为天帝与人间交往的媒介，即东方句芒、西方蓐收、南方祝融、北方禺疆；其中东方句芒是“鸟身人面”。这都明显地表示着殷代与东方的密切关系，也指出良渚文化在中国古代历史文明形成上的重要性。总之，从良渚的玉琮向上向下看，都看得出来中国新石器时代的巫术流播是普遍的、长远的。新石器时代的晚期，中国社会剧烈分化，而作为这种分化的一个明显的线索的巫术与政治的结合，就表现在这个时代的美术上面。

王权、巫术与美术的密切联系是中国古代文明发展上的一项重要特征，也是中国文明形成的一个主要基础。关于这一点我在另外几篇文章里已有比较详细的讨论[⑤]。如今新的考古材料指明在东海岸的良渚文化中，作为这种巫术与王权结合的最早的美术象征的玉琮，特别发达，这就表示出良渚文化，或甚至于整个东海岸的史前文化在中国历史早期三代文化发展上的基础意义。三十年前，凌纯声在《中国古代海洋文化与亚洲地中海》一文里，指

① Andersson J G. Researches into the prehistory of the Chinese. Bulletin of the Museum of Far Easteon Antiquities. IS, PL, 1943, 182: 1.

② 青海省文物管理处考古队、中国社会科学院考古研究所：《青海柳湾——乐都柳湾原始社会墓地》，文物出版社，1984 年，第 116 页。

③ Joseph Campbell. The Way of the Animal Powers (Vol.1 of Historical Atlas of world Mythology). A. Van der warck edition, 1983: 131 ~ 133, 142.

④ 孙作云：《飞廉考》，《华北国立编辑馆馆刊》第 2 卷第 3 期，6/1 ~ 6/29，第 4 期，7/1 ~ 7/22，1943 年；《中国古代鸟氏族诸酋长考》，《中国学报》第 3 卷第 3 期，1945 年，第 18 ~ 36 页。

⑤ 张光直：《中国青铜时代》，生活 · 读书 · 新知三联书店，1983 年；《中国古代艺术与政治》，《新亚学术集刊 4》（中国艺术专号），新亚学术集刊编辑出版委员会，1983 年，第 29 ~ 35 页。

出“中国文化是多元的，文化的形成是累计的，最下或最古的基层文化，可说是发生和成长于亚洲地中海沿岸的海洋文化”。这种海洋文化，“中国古史称之为夹（义即为海）的文化……其民族北曰貊，南曰蛮或越……来自……黄土高原的大陆文化，其民族为华夏，东来与海洋文化接触之后，经二千多年的融合，形成了中原文化，现在由考古学上能确定的殷商文化可为代表。殷墟出土的古物，有珠贝、金玉，有文身的石雕人像，有车马，虽未发现舟楫，然出土的海产蚌贝和龟版之多，其必使用舟楫无疑。如以殷商文化的成分，作一分析的研究，其基层必为海洋文化”①。

这个见解，从今天新的考古材料看来，的确有很大的启发性。殷代出土的“金玉”中的玉琮，基本上便是东海岸的文化成分。到了殷商时代玉琮虽仍流行，已显然远不如良渚文化时代的辉煌，因为它沟通天地与权力象征两大作用到了殷商时代已由“九鼎”即青铜礼器所取代了，它上面的兽面纹也多消失了。由此看来，如把中国新石器时代和三代文化发展划成一条直线则可以分成几个清楚的段落，即：①石器时代，代表原始社会、阶级未萌的阶段；②玉琮时代，代表巫政结合，产生特权阶级的时代，亦即《国语·楚语》所说帝颛顼命重黎二神绝地天通的时代；③青铜时代，代表巫政结合，进一步发展产生国家、城市、文明阶段；④铁器时代，代表工商业城市发达、农业技术跃进的时代。这个分法使我们想起大家都已知道的东汉袁康的《越绝书》所记风胡子的古史分期：

> 风胡子对曰：时各有使然。轩辕神农赫胥之时，以石为兵，断树木为宫室，死而龙臧，夫神圣主使然。至黄帝之时，以玉为兵，以伐树木为宫室、斲地，夫玉亦神物也，又遇圣主使然，死而龙臧。禹穴之时，以铜为兵，以斲伊阙、通龙门，决江导河，东注于东海，天下通平，治为宫室，岂非圣主之力哉。当此之时，作铁兵，威服三军，天下闻之，莫敢不服，此亦铁兵之神，大王有圣德。

---

① 凌纯生：《中国古代海洋文化与亚洲地中海》，《海外杂志》第3卷第10期，1954年，第7～10页。

风胡子这个分期法，知之已久，但它在历史现实中有多大的基础，是现在才能看得出来的。这段话有两点值得注意。其一是把古史分为石、玉、铜、铁四个阶段，大致相当于传统古史中的三皇（轩辕、神农、赫胥）、五帝（黄帝）、三代（禹）和东周四个阶段。其二是将这四个阶段的进展变化与政治力量相结合。这两点都很正确地将中国古代文明演进的经过的本质变化撮要出来了。西方考古学讲石器时代、铜器时代、铁器时代，比起中国来中间缺一个玉器时代，这是因为玉器在西方没有在中国那样的重要。玉器时代在中国正好代表从石器到铜器的转变，亦即从原始社会到国家城市社会中间的转变阶段，而这种转变在中国社会史上有它自己的特征。玉琮在中国古代文明史和社会进化史上的重要性在此。

（原载于《文物与考古论集——文物出版社成立三十周年纪念》，文物出版社，1986 年）

宗教祭祀与王权

张光直　著
明　歌　编译

对考古专业人员来说，识别那些教科书中描述的考古发掘现场遗迹见到的古代文明并非难事，它们一般通过有形的遗物、文字记载及壮观的艺术格调来表现巨大的财富和精神的奥妙。通常情况下，学者们发现一种文明就承认它的存在，但对文明的定义并不统一和明确。西方学者趋于把文明看作与纯粹动植物相比，人类所能达到的更高的层次，创造出与恶劣自然界分开的一种环境。对古代华夏文明而言，中国人很早就通过审慎的选择，逐渐改造、接近和适应大自然。古代文明通常以广大的城市中心、文字、先进的青铜冶炼和高度集权政治国家来划分。在中国，这些文明因素于公元前三千年期间出现，到公元前两千年达到成熟。

过去 70 年的考古发现和研究，使学者们能够描绘出华夏文明的发展历程。在旧石器时代晚期和新石器时代早期，人口十分稀少，农牧聚落分散在河谷周围，各个地区的文化面貌都有一定差异，这些地区一般是被高山、丘陵、河流、沼泽等隔离开来。在历史的进程中，各地区逐渐扩展，通常沿着山谷和河流，跨越丘陵和平原，与邻近地区的文化相互碰撞，以贸易或战争的形式，相互交流，相互作用。考古资料提供的不容置疑的证据表明，大约到了公元前四千年，各地区之间紧密结合、相互影响和文化流动，各个区域构成了巨大的网络。该网络范围涉及广大地域，这是华夏文明发展的一个千载难逢的好环境。

相邻地区文化长期共存、融合，使之产生新的变化，对内显得更加错综复杂，对外则表现为残酷竞争。在一种新的社会等级制度下，各部落的显贵，凭借政权这种手段，占有和分配各种稀有的资源，诸如可用于制作工艺品的金属矿石、玉石以及白色的陶土等。而所有古代文明的考古发现——深壕环绕的城市中心、文字和青铜冶炼等——都是这种手段的内涵。

一、新石器时代早期的原始宗教

对文明出现最具有说服力的是与宗教祭祀有关的标志图案和符号，以此显示某些权力，并提供唯一一种宗教祭祀在政治或其他场合发挥作用的线索。在中国经考古发掘得以验证的大量早期标志图案和符号，出现在以北方仰韶文化、马家窑文化和南方马家浜文化、河姆渡文化为代表的陶器装饰艺术上。例如，彩陶器上有为死者举行葬礼时的舞蹈人物群像（图一）；有鱼纹或蛙纹的人面图案（图二）；有反映人体骨骼的造型（图三）；也有显示丧葬仪式的地画（图四）；有死者两侧摆放用蚌壳制作的龙和虎（图五）。这些标志图案和符号与原始宗教信仰及祭祀礼制相一致，这种礼制是以苍天厚土为特征，那些巫祝能够穿透天地间的障碍，而作为标志图案之一的动物从中扮演有益的角色，仰韶文化的这些考古发现，可作为中国原始宗教祭祀礼制的早期例证。仰韶时期是平等社会的典范。其聚落住地和墓地，都严格以组分布，当时社会都按照血缘调整成员之间的关系。例如，不论是母系社会还是父系社会，通常严禁内部通婚。考古发现还提示了氏族聚落的生活场面，并可以推测出有专门巫觋从事的诸如召唤灵魂、治疗疾病、抵御邪恶的宗教活动。

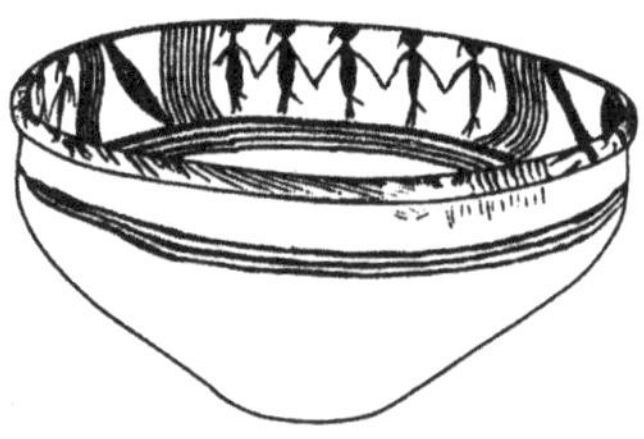

图一
青海大通县上孙家寨遗址马家窑文化墓葬内出土的彩陶碗，绘有五人连臂舞蹈纹饰，这可能属于巫师一类的人物造型，是为死者举行葬礼时的舞蹈群像

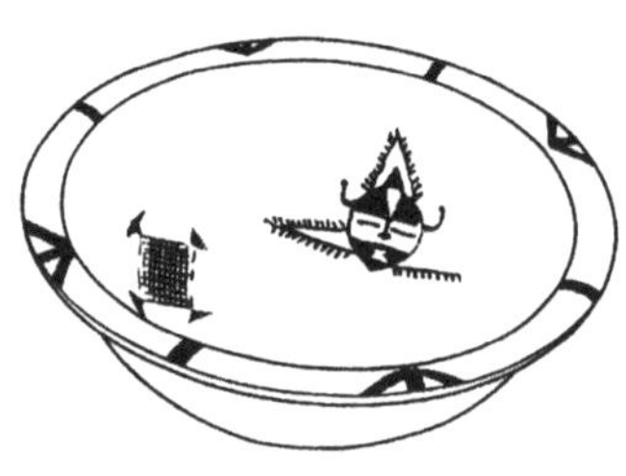

图二
陕西一带出土的仰韶文化彩陶盆，上面绘有鱼纹或蛙纹的人面图案，造型精致，成为仰韶文化的典型标志

图三

甘肃一带半山遗址出土的马家窑文化彩绘陶盆，盆内绘有类似X射线所反映的人体骨骼造型

图四

甘肃秦安县大地湾仰韶文化遗址出土的这幅由艺术家创作的地画，描绘了由巫师操办的丧葬仪式。地面下部方盒中的人物，也是采用了X射线或骨骼的表现形态

图五

这是在河南濮阳县西水坡遗址发现的一座仰韶文化大巫师的墓葬。墓主人头向南，足朝北，左边是龙，右边是虎，是用软体动物的蚌壳摆砌的。显示了墓主人至高无上的地位，也说明我们都是龙的传人

二、龙山文化与宗教祭祀

从考古角度讲，大约在公元前三千年，受华夏影响的范围中，出现了等级和暴力，在许多居住地周围筑有十分坚硬的夯土墙，以作为防卫之用。而在居住地内还发现有祭祀的遗存，如在房屋下面或旁边有成人的骨架及陶容器中的死婴，这是修建房屋奠基时的牺牲品。在许多地区，出土有一些专门用于祭祀的陶器，这些被称作礼器的陶器，制作相当精美。当时中原的河南龙山文化、东边的山东龙山文化、南方太湖地区的良渚文化，作为不同地区龙山文化的代表，显示了社会发展的较高水平。

龙山文化的墓地是这个时期社会等级制度最生动、最具说服力的证据。这些墓葬无论从建筑规模的大小、随葬品的数量和质量都有很大的差异。例如，在山西南部陶寺龙山文化遗址中，发掘墓葬有一千余座，其中大型墓 9 座，使用不同的椁室，随葬品可达一二百件，有成套的乐器、一批精美彩绘陶器、彩绘木器、玉或石制的礼器和装饰品，以及整猪骨架等；中型墓 80 多座，大小适度，使用木棺，一般随葬成组的陶器（包括少量彩绘陶器）、木器和玉、石器，几件至一二十件不等，还有猪下颌骨；余下大量的是小型墓，墓坑小而狭长，大多没有木质葬具和随葬品，少数的墓随葬有一两件陶器。从平面分布可以看出，陶寺墓地是按区域来划分的，而在每一区域内又有大、中、小型墓组成，这种布局表明了人们以血缘关系生活在一起的家族制度。同一血缘与不同血缘成员之间的地位身份如何，主要依赖于他们与先祖到当时血缘首领（一般为男性长子）主干关系的亲近程度来决定。依照早期历史记载，正如远古中国人那样，龙山时期的人们显然被分成一支支不同的血缘家族，在血缘家族内部以及不同血缘家族之间，他们的政治地位被预先打上了一层等级的烙印。这种血缘形式的组成有时又称作圆锥部落，它们都有自己的领地，随着地区文化的发展，又各自开辟和扩大新的领地。山东诸城呈子龙山文化墓地的布局，也反映了血缘划分和贫富差别（图六）。

龙山社会的组织体系中，在华夏文化影响的各个地区，组成许多不同酋邦国家（方国）的居住地或城镇。这些方国之间有大片的土地，或农业种

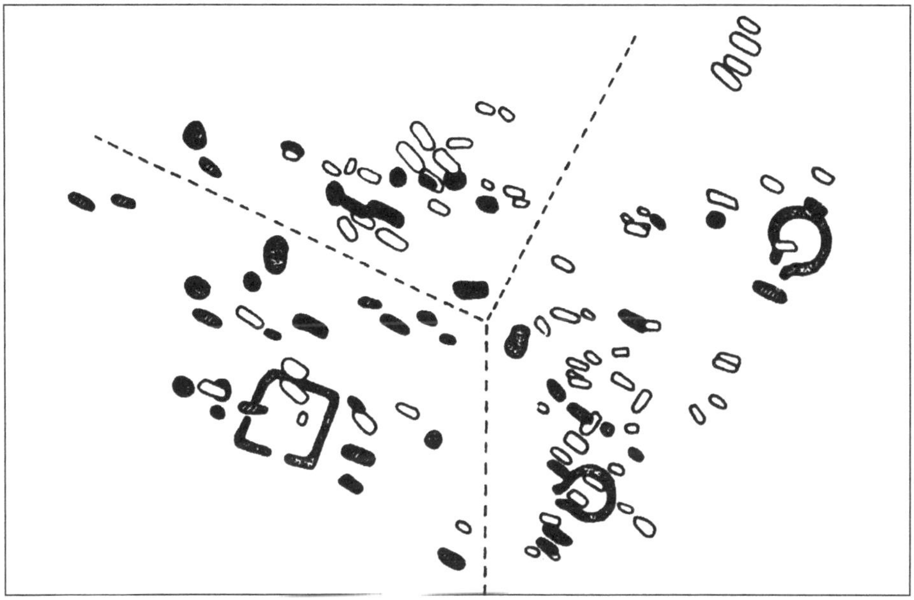

图六
山东诸城县（今诸城市）呈子遗址龙山文化墓地，有一定的规则布局。墓地依据墓中随葬品的数量和质量，明显看出几座富有的大墓被贫穷墓葬所环绕，很可能是按血缘划分——三条点画线展示了墓地的划分（黑色代表最富有的墓，白色代表最穷的墓）

植，或森林狩猎，或河湖捕鱼，都在为获取食物和生活资源而竞争。他们的政治与宗教地位，在很大程度上是通过宗谱世系而确定的。考古学一个充分的证据显示这些贵族政体的相互地位关系，都是通过冲突和战争取得的。在公元前四世纪，一本古代中国的史书《左传》中写道：“国之大事，在祀与戎。”其实，从龙山文化伊始，用于打仗的兵器和用于祭祀的礼器，都被统治者所垄断和独占。很显然，那些占有兵器和礼器越多的首领们，对生活资源有更大的支配权，表现得更强大。

在一个充满争夺的社会中，兵器的威力不言而喻。但拥有礼器对于权力的积聚和巩固，更会产生重大影响。在考古发掘中，就有丰富的礼器发现。要特别强调的是，一些富有神秘色彩的装饰艺术，在礼器上的使用，被设想成祭祀者可以获得与上帝和祖先接近的途径。对祭祀的垄断，意味着统治者对神的世界和人间社会所显示智慧的独占权。在一本名为《国语》的古

图七
山西襄汾县陶寺龙山文化遗址出土的彩陶盘，盘内绘有一条罕见的早期蟠龙图案

书中，记述了一个苍天与大地分离即“绝地天通”的神话。在远古荒漠的年代，整个世界充满太平，天地相去未远，人们极容易进行联系，即所谓沟通天地，交接人神。到后来，社会逐渐纷繁复杂，苍天和大地间的联系变得如此困难，作为皇天上帝的颛顼，命南正重司天以属神，命火正黎司地以属民。于是所有天地的联系，就必须通过重和黎这两位大巫师了。

这个神话很好地描述了龙山文化时期，苍天和大地不再贴近，祭祀大典成为统治者的专利，他们借此把持着指向苍天与大地的通道。山西襄汾陶寺的大型墓内随葬乐器和大量装饰优美的陶器（图七）；浙江良渚文化大型祭祀神坛和大墓内，出土有非常精美的玉璧环和玉琮管（图八），玉琮上刻有人与动物复合“神徽”图案，线刻细如毫发，展现了极高的工艺水平，至今令人叹为观止（图九）。这些墓内随葬的玉琮和玉璧，应是墓主人权力、地位和身份的象征（图一〇）。这些既是用于祭祀天地神祇的祭玉，

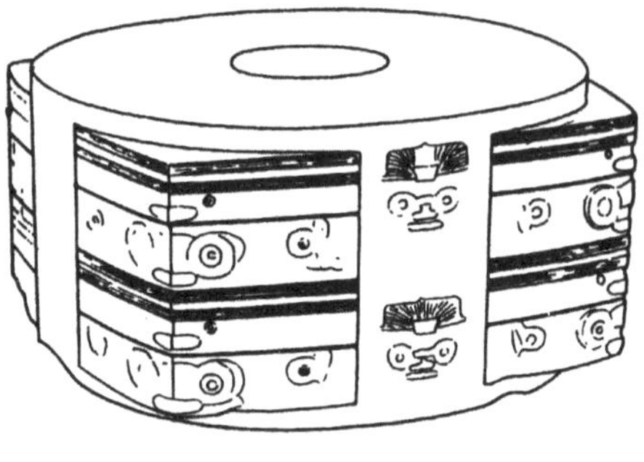

图八
浙江余杭县反山良渚文化遗址的白玉琮，类似的发现在太湖流域很丰富。琮以宗教礼玉的形式出现，曾长期困惑着中国的古董家们。玉琮一般外方内圆，中间以管状穿过中心，长度范围从 2.5 厘米到 30 厘米。它们通常采用怪异的动物图案来装饰。从 20 世纪 70 年代以来，已经发掘出为数众多的琮。从墓葬现场看，璧环与琮管有时似乎串在一根长绳上，旋转在死者身体前部。这表明它们是用来佩戴的。四川广汉三星堆，曾发现一个青铜人物小雕像，手举一对琮，这已引起考古学者的思考。琮被认定是在宗教仪式上巫师佩戴的符号或工具。圆代表天，方代表地，中空管是连接不同世界的轴。人与动物装饰图案扮演巫师助手的角色。总之，琮融合了巫师宇宙论的主要内涵

图九
玉琮上线刻极其精美的人与动物复合"神徽"图案

图一〇
这是江苏武进县寺墩良渚文化墓葬，随葬有一批玉琮、玉璧和其他遗物。表明墓主人有相当高的权力、地位和身份

又是用来殓尸的葬玉，即便是后者，也富有通天地之意。所有这些都是祭祀所用的礼器或艺术品。这些礼器和艺术品似乎都由黎和重这样的巫师们掌管，他们控制着通向天堂之路，并以此来维护似乎是神授的王权统治。

三、三代——中国青铜时代与中华文明和繁荣

如果龙山时期目睹了苍天与大地的最初分隔，曾是一个赋予社会统治阶层独占通向神灵世界的关口与政治领导权阶段的话，那么接下来的时期，大约从公元前二千年到公元前五百年左右，则经历了中华文明的充分发展与繁荣。这个时期以文字、先进的青铜器冶炼、由宫殿宗庙和手工作坊组成的城市和强权统治的国家为标志。它是由成百上千的政权共存的阶段，从传统历史观点来看，这个时期是由被称为先秦三代的夏、商、周三个最强大的王朝组成。

夏商周三代高层统治阶级内部，通过联姻的方式，维护对国土范围的统治。国王的弟弟和子侄，有时被委派到外地，在广大的土地上建立一个个"卫星国"，以便支持和捍卫处于中心畿内地区的王室政权。

三代之初的早期青铜时代，中国遍布成千或上万个城镇村庄，而由它们组成同样数量的古代中国称之为"国"的网络。著名的史书《吕氏春秋》

记有“当禹之时，天下万国”，《左传》中也写过“禹会诸侯于涂山，执玉帛者万国”，就是这种方国林立的写照。这些国建立在血缘家族制度之上，从理论上讲，它们是平等的，但实际上并非如此，它们之间经常出现激烈的竞争。

青铜时代最具重要价值的是青铜礼器，用于祭祀典礼之中，盛放食物和酒类，以祭飨先王先公和山川河流。在政治功能与象征意义上，青铜容器已经取代了龙山时期的玉器。青铜容器在制作上的复杂程序和人力财力的管理与耗费，也远远超过了龙山时期的玉器。要从遥远地方开采含铜、锡或铅的矿石，通过长途运输，经过熔炼，注入精心设计的范模，制造出精美动物造型和神秘花纹装饰的青铜容器（图一一）。这些和玉器（图一二）一样，都为王室贵族所控制独占。

青铜礼器的重大政治意义，可由关于青铜九鼎的传奇展示出来。史书记载：“禹收九牧之金，铸九鼎。”禹是夏王朝的创始人，其所铸的九件铜鼎成

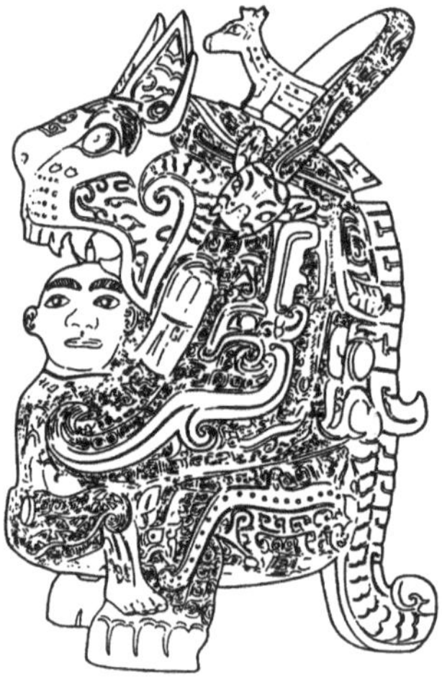

图一一

这件青铜器据说是第二次世界大战前湖南商代晚期墓内出土一对中的一个。它表现一个人双手环抱饕餮——一种如虎崽的怪异动物，并把头深埋在怪兽口中。按传统的观点，考古学家把这件青铜器称为卣——一种盛酒的容器。其造型也可看作就是一只怪兽正在吞食一个人。按目前流行关于商朝巫师的观点来解释，这件铜卣实际上展示了一个巫师和他的法物。这只怪兽张大的口表示地上或地下两个世界划分。这件铜卣从宇宙意义和政治功能讲，均与良渚文化玉琮等同。要说有差别的话，是它本身要复杂得多。玉琮是用玉石做的简单造型，而铸造这种青铜卣就不那么容易了

图一二

湖北黄陂县（今武汉市黄陂区）盘龙城出土的商代中期玉戈。这是参照商代兵器中最常见类型制造的。长度超过 1 米。当出土时，它早已断成数截，可能是随葬时有意所为

为政权合法性的象征。夏王朝灭亡后，九鼎被传递给商。商王朝覆灭后，其后继者周得九鼎。秦灭周后，周之九鼎入于秦……中国古代青铜器突出的特征，在于它的应用；青铜器几乎很少使用于农业生产或灌溉；相反，主要铸造成各种造型的礼器和兵器，用于祭祀和战争，即与维护王权的政治、军事和宗教活动等关系密切。也就是说，祭祀与战争作为王权不可分离的两大因素，是中国古代文明出现的关键所在。

本文编译自：Kwang-chih Chang. Ritual and Power. Cradles of Civilization: China. University of Oklahoma Press, 1994.

（原载于《华夏考古》1996 年第 3 期）

龙山文化与良渚文化衰变的奥秘
——致“纪念城子崖遗址发掘六十周年国际学术讨论会”的贺信

俞伟超

20世纪20年代仰韶文化的发现，拉开了中国考古学研究的序幕。30年代城子崖龙山文化遗址的发掘，开始揭示出了黄河中、下游晚期原始文化的东西之别。一个甲子以来，中国的考古学研究在风风雨雨中长大成人了。我们现在已经可以描绘我国考古学文化谱系的基本支干，并能看到在距今5000～4000年期间，从黄河中、下游到长江中、下游，乃至长城地带，都陆续由原始时代向文明时代过渡，而东方的龙山文化是其中生产技术最高（如发达的轮制陶器技术及精致绝伦的蛋壳黑陶与玉器等），从而大概也是社会发展程度最接近于具有文明时代诸特征（如城子崖与寿光县（今寿光市）边线王的城址等）的一支文化。1936年找到的相邻的长江三角洲的良渚文化，由于近年来余杭县（今杭州市余杭区，后同）反山、瑶山的族群酋领墓地及其随葬的大批精美玉器的发现，特别是余杭县果园（即莫角山）那个巨型的宫殿群式的居住遗址群（约600米×400米）的发现，也可认为是同时期文化发展水平最高的另一支文化。这就是说，在四五千年以前的我国的文明曙光时代，以东方的龙山和东南的良渚文化的光芒最亮，同时期黄河中游及长江中游的龙山阶段诸文化，其发展水平还达不到这个高度。

然而，一到接近距今4000年时，情况忽然大变。龙山文化突变为岳石文化，良渚文化也突变为马桥、湖熟等文化。龙山与岳石，良渚与马桥、湖熟，时代虽前后相接，文化面貌却缺乏紧密的承袭关系；其岳石文化之中并又包含了许多同时期的夏家店下层文化的因素，马桥、湖熟文化之中则增添了不少印纹陶的因素。岳石与马桥、湖熟诸文化遗址的分布密度、居址的面积，乃至文化本身的生产、生活水平，又皆远远小于或低于龙山、良渚文化。由这两方面变化所造成的总印象是，岳石、马桥、湖熟诸文化不是龙山、良渚文化继续向上发展所演变来的，而是因为生活、生产环境发生了巨大变化，族群人口大为减少、文化处于低落时期的遗存。水总是从高处向低处流，不同文化的相互影响，也总是文化高的会更多地影响文化低的。岳石、马桥、湖熟诸文化当正因处于文化低落时期，便接受了许多相邻文化的影响。大概也正是因为这些原因，岳石、马桥、湖熟诸文化就好像是当地新出现的一种比从前落后的新文化。

与此同时，黄河中游的河南龙山文化则继续向前发展，在豫西地区的嵩洛一带，演变成为二里头文化。二里头文化已迅速发展其青铜手工业，出现了财富和权力集中的君主和贵族及平民的不同阶层，建立了我国历史上的第一个王朝——夏。从二里头文化的分布区观察，可知这个王朝很快就扩大其疆域。如结合《禹贡》的记载，还可知道这个王朝乂通过贡纳的方式而统治了所谓“九州”的广大区域。

这些现象，在近十多年来愈看愈清楚，因而也愈来愈迫使我们思考发生这些变化的原因。

是什么原因才导致这个历史大变化？

龙山、良渚文化的突然衰变是因为其他文化的打击，还是屈服于大自然压力的结果？

我国第一个王朝所以在黄河中游建立，是因为本地原来就已达到最高的文化水平，具有最强的力量，还是因为此时不同文化的力量对比发生了变化，再无其他可以抗争的力量？

代替龙山、良渚文化的岳石、马桥、湖熟诸文化及其文化源头中所包含的其他文化，都是如此微弱，显然不是能够征服龙山、良渚文化的外来力量。所以，宜于从另外的方面去考虑发生这种变化的根本原因：

2000 年来的史学记录，则明确说到尧、舜之时是“洪水滔天”，“下民其忧”，“求能治水者”。最初，曾以鲧治水，但“鲧之治水无状”。其后，则用大禹治水，大禹“居外十三年”而“天下于是太平治”（皆见《史记·夏本纪》）。4000 多年以前我国曾发生一次延续了若干年的特大洪水灾难，应该是历史事实。当洪水泛滥时，大河、大江流域所遭灾难，必以下游为重。

可以估计到，在那个时期，黄河、长江的下游，尤其是长江三角洲之地，当是一片汪洋，人们只能向高处躲避或是逃奔外地，原有的发达的龙山、良渚文化的种种设施，顷刻便被摧毁，而其农耕之地，更是常年淹没，再也无法以农为生了。残存的居民，在相当时间之内，恐怕只能勉强维持生命，根本谈不上搞什么有关文明的建设了。他（她）们要恢复生产，重振生活，再度发展文明，只能是在过了很长时间之后，即在洪水逐渐平息下去后。据现有发现，在黄河下游地段，大体是到岳石文化后期时，这种文化才从鲁西南一带由西而东地有明显进步；而至商代后期，商人又曾远征至山东的昌潍地区，加快了那一带重新发展文明的步伐。在长江三角洲地区，则要迟到西周至春秋时期，才由另一些族群（吴、越）重新发展起了具有相当高度的文明。

对大河、大江的中、上游流域来说，所受灾害当然要小于下游。于是，黄河中游的河南龙山文化仍正常地向前发展，从而最早进入文明时代，出现了夏王朝。如果4000多年前不发生这场连续若干年的大洪水，我国最初的王朝也许而且应该是由东夷建立的。

要科学地论证这个事实，当然还需考古工作者和自然地理、历史地理等科学工作者的多年工作。我所以在这封《致“纪念城子崖遗址发掘六十周年国际学术讨论会”的贺信》中提出这个想法，一则是因为这个问题在我国古史研究领域中，特别是在龙山文化研究领域中的重要性，值得借此表达我对这个会议的尊重之意；二则是想借此呼吁考古学家和其他学科的研究者能迅速联起手来，共同研究我国的古文化，并从而表达我对我国的考古学研究能早日进入一个新阶段的热切期望！这当然主要期待着年轻的学者们！

我因参加纪念仰韶文化发现七十周年的一次实际活动（渑池县班村仰韶等遗址首次发掘时工作方法的研讨会），未能前来参加盛会，只能以上述经过十年的困惑和思索之后才得到的一点认识，作为我向这次会议表达的一点心意。

谨祝会议圆满成功！

1991年10月2日于中国历史博物馆

（原载于《文物天地》1992年第3期）

（K-3267.01）
ISBN 978-7-03-065316-1
9 787030 653161 >
定价：108.00 元